|光明社科文库|

基于预见性地理信息的AMT重卡自动换挡策略研究

丛晓妍 ◎ 著

光明日报出版社

图书在版编目（CIP）数据

基于预见性地理信息的 AMT 重卡自动换挡策略研究 / 丛晓妍著. -- 北京：光明日报出版社，2022.11
ISBN 978 - 7 - 5194 - 6952 - 8

Ⅰ.①基… Ⅱ.①丛… Ⅲ.①重型载重汽车—变速器换挡机构—研究 Ⅳ.①U469.2

中国版本图书馆 CIP 数据核字（2022）第 228752 号

基于预见性地理信息的 AMT 重卡自动换挡策略研究
JIYU YUJIANXING DILI XINXI DE AMT ZHONGKA ZIDONG HUANDANG CELÜE YANJIU

著　　者：丛晓妍	
责任编辑：刘兴华	责任校对：李海慧
封面设计：中联华文	责任印制：曹　净

出版发行：光明日报出版社
地　　址：北京市西城区永安路 106 号，100050
电　　话：010-63169890（咨询），010-63131930（邮购）
传　　真：010 - 63131930
网　　址：http://book.gmw.cn
E - mail：gmrbcbs@gmw.cn
法律顾问：北京市兰台律师事务所龚柳方律师

印　　刷：三河市华东印刷有限公司
装　　订：三河市华东印刷有限公司
本书如有破损、缺页、装订错误，请与本社联系调换，电话：010 - 63131930

开　　本：170mm×240mm
字　　数：108 千字　　　　　　　　印　张：10
版　　次：2023 年 4 月第 1 版　　　　印　次：2023 年 4 月第 1 次印刷
书　　号：ISBN 978 - 7 - 5194 - 6952 - 8
定　　价：85.00 元

版权所有　　翻印必究

序

　　自动变速器能够提高车辆使用便利性，减轻驾驶员作业疲劳，随着我国交通运输业发展和国民经济水平提升，在卡车上的装车率越来越高。换挡策略作为自动变速器的关键技术应该具有较高的智能化程度，能够适应车辆特点，满足不同行驶环境和驾驶意图要求。卡车自动变速器换挡策略除需具备以上换挡策略的共性特点，还需较多关注车辆的使用经济性与动力性问题。本书在充分调研重型卡车使用特点基础上，结合自动换挡策略发展现状及未来发展趋势，对重卡换挡策略影响因素识别及换挡策略设计进行研究。主要研究内容包括：

　　(1) 针对目标重卡设计基础换挡规律并建立整车仿真模型。根据所研究重卡结构尺寸、发动机扭矩、燃油特性及传动系参数，设计其动力性换挡规律和经济性换挡规律，为后续多种换挡策略的设计提供初步依据；使用 Trucksim/Matlab 软件建立车辆动力系统和换挡逻辑系统的仿真模型，为换挡策略的设计与性能验证提供仿真基础与平台。

（2）针对利用换挡策略保证卡车足够的动力性同时尽可能省油的问题，以 GPS 系统为换挡控制系统提供道路信息为前提，提出了一种基于地理信息预知的换挡策略。根据一定距离内车辆行驶前方道路地理状况，通过构建动力性和经济性综合优化指标，使用动态规划方法求取该预见距离内最优换挡策略，通过调整权重系数，得出车辆在一定行驶环境下满足道路动力需求而车辆又最为省油的换挡规律。

（3）针对使用普通换挡规律的车辆在弯道行驶时易出现意外换挡的情况，利用预知的地理信息构建弯道换挡策略。建立弯道驾驶行为模型，通过车辆弯道动力学分析及车辆过弯速度观测实验提出弯道换挡指标以指导降挡提前系数的设计，从而对换挡点进行调节。并用计算机仿真对该策略有效性进行了验证。

（4）在上坡工况中，利用预知的地理信息设计拟人化换挡策略。根据驾驶人上坡操作特点，设计换挡策略对驾驶人坡底加大油门的操作做一定范围内的升挡抑制；对车辆即将驶出坡道时的换挡进行抑制或延迟，使换挡符合驾驶人意图并有利于车辆坡道行驶。在下坡工况中进行了发动机辅助制动挡位策略研究。通过车辆下坡动力学分析所需制动力，并以台架实验获取目标发动机制动能力，制定下坡利用发动机辅助制动的换挡策略。同时，分析目标车辆加入发动机辅助制动后车辆的制动稳定性并在换挡策略中予以考虑。

（5）在尚不具备地理信息预知系统与换挡系统的连接通信情况下，设计既定行驶轨迹的实车实验验证本书提出的基于地理信息预知的换挡策略的有效性。

目 录
CONTENTS

第1章 绪 论 ···································· 1
  1.1 课题背景及意义 ···························· 1
  1.2 研究现状与发展趋势 ························ 4
  1.3 本课题研究内容 ··························· 22

第2章 整车动力系统建模和基础换挡规律制定以及地理信息系统构建 ···································· 24
  2.1 动力传动系统特性分析与建模 ················ 24
  2.2 仿真建模 ································ 34
  2.3 基础换挡规律制定 ························· 40
  2.4 换挡用地理信息预知系统 ···················· 50

第3章 基于地理信息预知的综合换挡规律优化 ········ 58
  3.1 预知性换挡策略在车辆燃油性方面的优点 ········ 59

1

3.2 基于动态规划的综合性换挡策略 ………………………… 60
3.3 仿真验证与权重系数的确定 ………………………………… 68

第4章 特殊行驶环境下的预知性动态换挡策略 ………… 78
4.1 弯道动态换挡策略 ………………………………………… 79
4.2 车辆坡道行驶特性与挡位分析 …………………………… 94
4.3 坡道动态换挡策略 ………………………………………… 101

第5章 重卡 AMT 自动换挡策略整车实验 ………………… 107
5.1 实验设备 …………………………………………………… 107
5.2 既定实验场内地理信息预知条件设置 ………………… 108
5.3 坡道综合性换挡策略实验 ………………………………… 110
5.4 坡道动态换挡策略实验 …………………………………… 117
5.5 弯道动态换挡策略实验 …………………………………… 120

第6章 结论和展望 ………………………………………… 124
6.1 总结 ………………………………………………………… 124
6.2 创新点 ……………………………………………………… 126
6.3 展望 ………………………………………………………… 126

参考文献 ……………………………………………………… 129

第1章

绪 论

1.1 课题背景及意义

自动变速器简化了车辆操纵性，极大减轻了驾驶疲劳，自美国通用公司 1945 年推出第一台全自动变速器以来，自动变速器技术得到迅速发展与应用。我国近 20 年来汽车销售和保有量急剧增加，与自动变速技术相关的电控和计算机技术急速发展带动了自动变速车辆所占市场份额比重，自动变速已经成为目前车辆传动技术的发展趋势[1,2]。卡车为了使发动机增加工作于扭矩较大或燃油经济性转速区域的概率，采取挡位数量较多方式处理，并且目前仍有增加趋势，而卡车换挡操纵机构比乘用车更为沉重，自动变速器在卡车上的应用能够有效降低驾驶员频繁换挡的劳动强度，并有助于车辆降低燃油消耗、减少排放、提高驾驶安全性和运输效率[3]。随着我国交通运输业的发展以及国家对资源、能源、环境的综合考虑,卡车市场已逐渐从单纯追求低成本的手动变速模式(mechanical transmission, MT)向自动变速模式转变[4]。

自动换挡策略的优劣与自动变速车辆性能密切相关,其发展与汽车的发展历程一样是一个从初级到成熟的发展过程,经历了一参数、两参数、三参数直至目前的智能换挡的发展阶段[5,6]。一参数、两参数换挡规律通常以车速、油门或泵轮转速等车辆行驶参数为换挡依据,之后发展的三参数、智能换挡规律则将驾驶人和环境因素也纳入换挡依据中。汽车驾驶是一个驾驶人与车辆和环境相互影响相互联系的过程,驾驶员以感觉器官接收车辆和环境信息,通过大脑中枢神经系统判断车辆行驶状态,然后通过手、脚动作完成驾驶意图。在自动换挡车辆中,驾驶人的换挡动作交由换挡系统进行,换挡系统需要结合驾驶人的操纵动作以及车辆行驶参数做出换挡时机判断,同时需要结合外界的环境信息做出准确的换挡指令。目前换挡策略研究的较新阶段正是挡位策略对人、车、环境的适应发展,其核心技术和难点是行驶环境、车辆参数及驾驶员意图的识别技术。自动换挡策略的发展与控制技术和汽车工业技术发展紧密联系,国外自动变速技术起步早,其自动换挡策略研究水平较高,由于各汽车厂商的竞争与技术保密,每个厂家的换挡策略不尽相同。我国汽车产业起步晚,自动变速器早期大多依靠进口,虽然近些年多家研究机构与汽车厂商对自动变速器及换挡策略进行了自主开发,但在装车上路后对行驶工况的适应性、车辆行驶动力性与经济性表现与国外产品尚有一定差距。而国外换挡策略在互联网技术、传感器技术及智能汽车技术高速发展的大背景下[7-12]，已在智能换挡基础上开始寻求借助新技术使换挡规律产生新发展的可能。国内换挡策略研究需要在目前智能换挡的研究基础上进一步研究核心理论，缩小与国外产品的性能差距；同时就换挡策略发展的新方向展开研究，以保证国内产品研究的技术高度。

以上是自动换挡策略的总体发展趋势，自动变速器在以货物运输为主要目的的卡车上的应用要晚于普通乘用车，卡车换挡策略的发展程度相应落后。虽然重型卡车自动换挡策略制定方法可参照乘用车，但卡车具有车速相对较低、挡位数量多、发动机后备功率低的特点，而其行驶使用区域又非常广泛。因此，要求重型卡车在坡道、山路等艰苦路况下具备较好的动力性能，在路况较好时则可以尽量省油以实现经济运输目的。换挡策略对车辆动力性能和经济性能有重要影响，而车辆动力性与经济性是一对相互矛盾的指标[13]，所以卡车换挡策略既要与乘用车换挡策略一样能适应人、车、环境，达到较高的智能程度，又需要根据道路的实时动力需求保持动力性能与经济性能的平衡。因此，本文卡车换挡策略研究主要围绕两个方面进行：一是换挡规律对各种行驶工况的适应，二是动力性能与经济性能的最佳平衡。

综上所述，围绕重型卡车的车辆结构和使用特点，结合卡车在实际行驶中出现的换挡问题进行卡车换挡策略研究有利于卡车自动变速系统的应用发展，有利于卡车品质的提升。汽车智能技术和互联网技术的发展，给换挡策略发展提供新的可能，将目前一些具有可行性的新技术与换挡系统相结合，能够为卡车换挡策略发展打开新思路，更好地为卡车行业和道路运输系统服务。

1.2　研究现状与发展趋势

1.2.1　自动变速器的发展及在卡车上的应用

汽车工业 100 多年的历史，主要是动力系统的技术史[14]，驾驶更方便、乘坐更舒适一直是汽车技术发展所追求的目标。由于车辆驱动力所需扭矩、转速与发动机所能提供的扭矩和转速有偏差，这种偏差通过传动系统改变传动比来将动力传递给车轮。变速器是传动系统中的关键组成，其技术发展对整车技术起到非常重要的作用。根据变速器的发展历程，主要分为机械式变速器和自动变速器两个阶段。机械式变速器能满足车辆行驶基本要求，结构简单、可靠性高、制造和维护成本低，是变速器发展初期的主要形式，目前仍有较大的使用市场。自动变速器具有降低驾驶难度、减轻驾驶员疲劳、换挡时机精确而挡位选择合理、降低燃油消耗从而减少污染的优点。随着汽车行业发展，绿色环保与智能化成为目前的发展趋势，自动变速器虽然技术难度与成本更高，但因其具备的上述优点符合车辆发展趋势，使其成为变速器行业发展的潮流与方向。乘用车对使用舒适度有较高要求，最早开始装备自动变速器，虽然我国汽车制造和使用晚于国外，但在2000年左右时国内高档轿车的自动变速器装车率也几乎达到100%[15]。卡车因为较为重视购车成本和维护成本，对自动变速器的应用落后于乘用车。手动换挡要求驾驶员有较熟练的驾驶技术，大型车辆挡位数量多，频繁地换挡操作导致驾驶员紧张与劳累程度远高于乘用车，随着经济发展和自动变速器技术的提高，近几年自动变速器在卡车上的装车率也有了大幅提升[16]。

1.2.1.1 自动变速器的分类

自动变速器可以分为四种类型[17,18]：液力自动变速器（automatic transmission，AT）、电控机械式自动变速器（automated mechanical transmission，AMT）、机械式无级变速器（continuously variable transmission，CVT）和双离合器式自动变速器（dual clutch transmission，DCT）。

液力自动变速器（AT）由液力变矩器实现发动机和传动系之间的柔性连接和传动，能够使汽车起步和换挡时平稳、柔和、加速均匀，因而车辆舒适度高。但是AT变速器对速度变化反应较慢，变矩范围有限，并且机构复杂、成本较高，目前多应用于轿车。

机械式无级变速器（CVT）采用金属带式的传动方式，传动比可以连续变化因而动力性好，同时具有结构紧凑、质量轻的优势。由于CVT传递扭矩范围小、金属带或链条强度较低，此类变速器一般应用于中小排量车辆上。

电控机械式自动变速器（AMT）是在机械式变速器（MT）基本结构基础上加装自动操纵机构，取消了人工离合器以及选换挡操作，代之以电脑控制系统根据一定的控制策略自动实现换挡动作。这种变速器成本较低，虽然换挡过程动力中断，但动力传递效率高，是目前在卡车上应用的主要自动变速器类型。

单离合自动变速器换挡过程中动力中断，双离合器式自动变速器（DCT）正是为解决该问题而在其基础上发展而来的。DCT通过两个离合器的交替接合、分离来实现动力切换，消除了AMT单个离合器换挡过程中的动力中断。DCT机械变速箱同样能够继承手动变速箱低成本的优势，因此具有非常好的市场前景。但DCT的控制系统较为复杂，在目前的使用和发展过程中经常出现一些问题，目前一般应用于轿车。

1.2.1.2 自动变速器在卡车上的应用

国内AMT重卡的研制比国外晚，中国重汽集团（以下简称"重汽"）是较早开展自主研发的公司。2005年重汽与WABCO公司合作开始自动挡卡车的产品开发工作，2008年推入市场的豪沃A7系列重型卡车配置了16挡AMT自动变速器。之后，重汽进行了大量产品试验和技术提升，再次于2013年推出豪沃T7H系列AMT重卡，目前成为国内重卡AMT技术与市场的领先者[19]。

一汽解放于 2001 年开始轿车、城市公交客车的 AMT 研发,2004 年进行重型卡车 AMT 研制并于 2008 年首次上市解放 J6[20]。该车型配置了与 BOSCH 合作电控系统的 AMT 自动变速器,2015 年正式进入市场推广阶段。

此外,国内市场还有很多品牌选择配置第三方产品的模式[21,22]。2010 年在东风物流签约仪式上亮相的东风天龙搭配了 ZF 公司的 AS Tronic 自动变速箱,2010 年参加北京车展的集瑞联合卡车配置了 ZF 的自动变速器。国产重型车手动变速器厂商法士特也进入 AMT 市场[23,24],2016 年北京车展上展出的徐工汉风 G900、东风柳汽 T7 牵引车等即使用了法士特公司的 AMT 自动变速器。

国外重卡车辆自动化程度高,自动变速器的应用也非常早。占据欧洲卡车市场绝大部分份额的欧洲七大卡车主流品牌奔驰、达夫、依维柯、MAN、雷诺、斯堪尼亚、沃尔沃的产品一定程度上代表了欧洲的车辆发展情况[25-28]。其中,达夫、依维柯、MAN、雷诺配套传动系统巨头采埃孚(ZF)提供的产品,而其他 3 家都有自己的 AMT 自动变速器产品。国外自动变速卡车早已经完成变速器底层执行机构品质控制和优化阶段,"人、车、环境"相结合的换挡策略发展也较为成熟,目前的发展趋势是寻求新的智能技术、传感技术与换挡策略的结合与应用,以提高车辆智能化程度,减少车辆燃油消耗与燃油排放。而从上述国内卡车 AMT 的发展状况来看,国内自动变速技术发展远不及国外,目前变速器执行机构的控制品质基本完成，而换挡策略急需完善和提升，更多发展重心仍在智能换挡策略对各种工况的适应性阶段。由于国外的换挡策略技术保密性非常高，不同公司间的策略也各不相同，因此国内换挡策略研究需要通过理论与实践上不断摸索才能做到自主创新。

1.2.2 换挡策略的研究现状与发展趋势

1.2.2.1 换挡策略的分类

不论哪种自动变速器，都需要配有相适应的换挡规律才能发挥自动变速器在恰当时机准确换挡的目的。换挡策略可以分为单参数换挡规律、二参数换挡规律、三参数换挡规律和智能型换挡规律四种类型。

单参数换挡规律一般选取相对稳定的车速作为换挡控制参数，其控制系统虽然结构简单，但换挡不能体现驾驶员意愿。因此，除少数城市公交车、军用车为了减少换挡次数而使用这种换挡规律外，目前较少有车辆使用。

二参数换挡规律控制参数除了车速参数，也可以是泵轮转速和涡轮转速、发动机转矩和由驾驶员控制的油门等参数，能根据车型特点做出有针对性的设计并能一定程度地反映驾驶意图，是目前应用最为广泛的换挡规律[29]。

针对车辆起步、换挡时的非稳定状态，葛安林教授[30]提出了以油门、车速和加速度控制的三参数换挡规律。三参数换挡规律的制定建立在大量发动机非稳态实验基础上，需获取多种发动机角加速度下转矩和油耗特性曲线以形成三维的变化规律，虽然理论上该换挡规律较两参数换挡规律其加速性能和车辆燃油消耗性能更佳，但实际应用较少[31]。

智能型换挡规律考虑汽车的行驶环境、驾驶者的驾驶意图，将驾驶者、车辆和环境作为一个整体，力图真正实现既适合当前行驶环境又能体现驾驶意图的换挡。智能型换挡规律实际上是基于此目的的一类换挡规律的概括，是目前换挡策略研究的较新阶段。

综上所述，自动换挡策略的发展趋势是将人、车、环境作为整体考虑，根据车辆自身参数，能够自动适应当前行驶环境和驾驶者特点。挡位决策过程中首先要将对换挡有影响的因素做出识别，然后依据一定原则设计对应换挡策略。其中，识别系统的准确性与及时性关系、换挡策略的有效性，是自动换挡策略中非常重要的部分。

1.2.2.2 换挡策略影响因素的行驶环境识别研究

二参数换挡规律适合稳定的平直路况，在一些特殊工况可能会出现坡道换挡循环、弯道降速反而升挡、下坡时至高挡等问题，这是换挡策略系统不清楚车辆当前行驶环境造成的，解决这类换挡问题的办法是要识别出车辆所行驶的路况环境。

坡道行驶时由于坡道阻力的出现，自动换挡车辆较之平路行驶会出现一些换挡问题，因而坡道识别是自动变速车辆能够实现自动、智能换挡的重要环节之一，也是目前的一大技术难题[31]。卡车由于发动机后备功率低，道路坡度对换挡影响尤为严重。坡度识别基本有基于传感器的方法和不使用传感器而依靠车辆纵向动力学或车辆行驶参数辨识的两类方法。较早时受传感器精度、使用条件以及车辆控制器处理能力的限值，利用车辆自身行驶参数进行识别的方法研究较多。其中，张小龙等[32]提出一种基于支持向量机的道路坡度实时检测方法。王玉海等[33]通过SAE J1939协议获取CAN总线中发动机信号，根据发动机信号计算发动机输出转矩和车辆加速度，最终根据车辆动力学原理计算得到道路坡度。金辉等[34]将车辆节气门开度、车速、加速度等与坡道的对应关系通过实验获取然后写入识别库中，通过检测车辆行驶参数即可识别出当前坡度。何忠波[35]则提出根据换挡时离合器接合过程中的发动机转速进行坡道识别。

由于车辆质量也是影响换挡规律的参数之一，利用纵向动力学进行识别时，经常将坡度与质量两个参数同时进行识别。史俊武[36]设计改进最小二乘法，将车辆载荷和坡度赋予不同的遗忘因子并对其进行了辨识。雷雨龙[37]使用扩展卡尔曼滤波（kalman filtering）方法对车辆质量和道路坡度进行估计。阿达兰·瓦希迪等（Ardalan Vahidi et al.）[38]基于车辆的纵向动力学模型，提出了递归最小二乘估算法识别车辆载荷与道路坡度的方法。史蒂芬·曼根等（Stephen Mangan et al.）[39]使用CAN通讯读取的车辆行驶数据，基于车辆纵向动力学方法进行了坡道和载荷识别，并在捷豹XKR车上进行了路上实验。彼得·林曼等（Peter Lingman et al.）[40]使用卡尔曼滤波方法对车辆质量和道路坡度辨识进行了研究。

随着传感器技术发展和成本降低，越来越多的汽车上较少使用到传感器，从而大大提高车辆智能化程度。传感器识别方法精度高、识别速度快，利用传感器直接测量或间接识别坡道的方法近几年在国内得到很多研究。杨志刚等[41,42]采用多个传感器进行动态测量，使用信息融合以识别道路坡度角。钱立军等[43]采用纵向加速度传感器并利用车辆加速度信号对行驶坡道进行了识别。国外使用传感器方法更为多见，肯·约翰森（Ken Johansson）[44]利用斯堪尼亚重型车上安装的标准传感器，如 GPS、压力传感器和扭矩传感器进行坡度识别，以车辆纵向动力学为基础，使用扩展卡尔曼滤波进行道路坡度估计，这种方法当车辆位于山区等偏远地区 GPS 系统出现信息失效后会影响识别有效性。T. 马塞尔等（T. Massel et al.）[45]人在车辆上安装了垂向加速计、纵向加速计以及轮速传感器，结合最小二乘法进行上坡坡度和车辆仰俯角的估计，不过该方法的使用前提为车辆处于直路爬坡状态，而且道路坡度为恒定值，因此需要与其他方法结合使用。张凯山等[46]使用激光雷达数据通过二元回归法进行道路坡度估计。尤西·帕尔维艾宁等（Jussi Parviainen et al.）[47]则利用压力与高程的对应关系原理，使用气压计测量方法对坡度进行估计。

当车辆在弯道行驶时，驾驶员松开油门降速准备入弯，由于车速下降滞后于油门，此时使用普通换挡规律的车辆可能会出现短暂升挡，然后短时间又降回原挡位的情况。这显然是驾驶员意料外的一种换挡[48-50]，为杜绝这种意外现象，需要对弯道工况进行识别然后做出对应的换挡策略。

弯道识别方法与坡道识别类似，基本也分为使用车辆自身参数或行驶参数方法和借助传感器或辅助设施提供信息的方法两种。第一类方法中，王玉海等[51]根据转弯时车辆油门开度、油门开度变化率，以及车速、制动踏板信号等进行推断，但很难将弯道前的减速与直线路段的减速相区分。借助传感器等辅助设备的方法中，装有电控电动助力转向系统（EPS）的车辆能够通过读取车辆侧向加速度识别车辆弯道工况[31]。刘洪波[52]则研究证明侧向加速度变化率能够表征弯道的缓急程度，其值的正负情况还可反映车辆转弯的不同阶段。花彩霞[53]提出利用GPS系统的定位信息和电子地图的道路信息获得弯道路况，并利用弯道行驶时转向盘操作对导航系统的定位精度进行了校正。对于安装了机器视觉辅助设施（疲劳检测系统或车辆安全行驶智能辅助操作系统等）的车辆，其车载视觉识别系统能够通过预瞄点处道路识别得到道路曲率[54]，实现入弯预判和弯道半径估算。

1.2.2.3 换挡策略影响因素的车辆参数识别研究

车辆参数中，车辆载荷变化是影响换挡规律的一个重要因素[55,56]。卡车载荷变化比普通乘用车比重大，对换挡规律的影响也大，在交通运输业中，从行车安全和道路设施使用方面考虑，车辆载荷识别有利于卡车载重的管理和车辆使用。由于车辆载荷经常与行驶坡度一起识别，在前文进行了论述，这里研究单独识别车辆载荷的方法。

乔格·格里瑟（Joerg Grieser）[57]在其申请的机动车质量估计方法专利中，利用 ESP 系统获取车轮制动压力等信息计算得到车轮力，然后利用纵向动力学考虑车辆驱动力、车辆转动惯量、风阻等计算得到车辆质量。该专利目的是使得机动车制动系统控制能够获取车辆质量参数。由于该方法建立在 ESP 系统基础上，没有配置 ESP 系统的车辆则无法使用。何萨姆·K. 法特希等（Hosam K. Fathy et al.）[58]提出了一种利用递归最小二乘法的不使用外加传感器的车辆质量实时估计方法，对于车辆纵向动力学中存在的坡道阻力，利用 Bachman–Landau 规则消除了道路坡度和空气阻力的影响。但是该方法需要车辆的持续激励如急加速、急减速工况，才能保证质量估计精度。因此，在实际应用中当车辆处于长时间稳定工况行驶时，识别会出现较大的误差。

1.2.2.4 换挡策略影响因素的驾驶意图识别研究

驾驶人操纵车辆的过程就是将自己的驾驶意愿以车辆操纵器（油门、刹车、方向盘、车灯等）的动作传达给车辆使车辆完成一定运动状态的过程。自动换挡系统必须识别出驾驶人的驾驶意图才能做出准确恰当的换挡指令。

对换挡有明显影响的几种驾驶意图可归纳为巡航、加速、减速、超车、停车、冲坡等[59-61]。驾驶意图主要体现在车速、油门踏板开度、刹车踏板开度、油门踏板变化率即刹车踏板变化率上。这些不同的分类只是研究者对可观测参数的描述与定义的不同，不论如何定义，其目的是根据自身定义做出识别并设计合理的对应换挡策略。在识别研究中，孙以泽[60]从驾驶员的操纵特征中提取环境和车辆运行状态的信息，使用模糊推理方法对驾驶意图进行识别。王庆年等[62]首先把驾驶意图分为动力模式和经济模式，对行驶模式的识别主要是通过汽车加速度均值和汽车加速度均方差两个参数完成的；然后用加速踏板开度和加速踏板开度变化率来进行加速紧急程度的识别；最后用加速度均值和车速参数进行巡航意图的识别。宗长富等[63]构建了一种代表复合工况下的驾驶意图的双层隐式马尔科夫模型，能够辨识单一和复合工况下的驾驶意图。

1.2.2.5 对应换挡策略研究

在确定了车辆的行驶环境、车辆自身参数和驾驶人的驾驶意图后，换挡控制系统就能够有针对性地做出换挡决策。其中，针对行驶环境的换挡策略方面，金辉[34]在识别出坡道之后，在平路两参数换挡规律基础上，以油门开度和坡度角为依据对换挡速度增加一个修正量，能够解决上坡行驶过程中出现频繁换挡的问题。这种方法通过实验获取修正量，有一定的特殊性，但在换挡控制系统处理器中比较容易实现。史俊武等[36]将发动机输出转矩以一定油门开度下的发动机转速进行拟合，然后根据动力性换挡规律制定原则，计入坡道阻力解析得到对应坡度下的坡道换挡规律，能够有效解决上坡行驶时的循环换挡的问题。李磊[64]则将各种特殊路面等效为一定坡度路面，通过绘制车辆各挡驱动力与不同坡度阻力图，得到克服一定坡度阻力所需要的挡位，从而制定出各等效坡度下的换挡规律。车辆弯道换挡策略主要是解决入弯减速时挡位反而上升的问题，刘洪波[57]提出根据弯道缓急程度设置门限值，在限值区域内不得换挡，否则无法使用正常换挡的方法。王玉海[51]则以减速或停车意图等效为弯道行驶环境的识别，使用模糊推理技术以及神经网络与模糊逻辑相结合[65-69]对换挡点进行修正，能加快规则的建立并缩短挡位调整时间。

在针对车辆参数的换挡策略方面，张泰[70]将空载、满载换挡规律以 MAP 图格式存储于车载计算机中，然后根据车辆载荷识别情况、起步油门开度、车速和加速度计算出对应载荷时的换挡规律。张泰首先制定了载荷最大与标注工况时的换挡规律，同理，制作了最大坡度和标准工况、最大滚动阻力系数和标准工况下的换挡规律，然后提出车辆负荷度概念并做出车辆不同负荷度下的换挡规律，将质量、坡度、滚动阻力系数改变都转化为负荷度的改变，从而选择合适的换挡规律。赵璐[71]制定出车辆空载和满载下的升挡规律曲线，然后根据估算的整车质量以插值方式得到对应载荷下的换挡速度。

在针对驾驶意图的换挡策略方法上，虽然各研究者对驾驶意图的分类不完全相同，但其分类的目的是制作对应的换挡规律。基本上在超车等加速类意图下，换挡规律使用动力性换挡，并且根据情况做一定的降挡提前[72]；减速工况为了与弯道减速相区别，经常是先做一定的延迟处理，确认是普通减速工况后，根据路况选择动力性或经济性换挡规律，否则采用弯道换挡策略；而弯道减速的换挡策略是减速换挡策略的一种特例，基本上是弯道抑制升挡，同时适时降挡[50,52]。

还有一类将各种条件综合考虑的智能型换挡策略，通常采用模糊逻辑方法[73-77]和神经网络方法[68,69]进行挡位决策。使用模糊逻辑方法的挡位决策基本原理是采集车辆行驶中的各类数据进行环境、驾驶人、车辆参数识别，然后进行模糊化处理，经由优秀驾驶员驾驶习惯建立的模糊规则库进行模糊推理，最终得到相应行驶工况下的挡位决策。基于模糊逻辑的决策技术适应性强且具有较好鲁棒性（稳健性），日本的三菱和尼桑、德国的宝马等公司使用此类模糊逻辑推理技术，其车辆自动换挡决策基本上可适应典型路况和驾驶员意图[78]。基于神经网络的决策方法则是利用神经网络在不能获得精确数学模型的非线性系统中能达到最优控制的特性，通常首先使用车辆状态与最佳挡位之间的对应数据对人工神经网络进行离线训练，然后在使用过程中对车辆行驶实时数据做出最佳挡位判断。

1.2.2.6 换挡策略模式研究

由于发动机动力、经济性较佳及转速区域的不同，为了使车辆具有最佳动力性能或最佳经济性能，根据发动机特性可设计出使得车辆动力性能最好或者经济性能最好的换挡规律。卡车为了兼顾不同的使用条件，一般设计有经济性/动力性换挡模式来突出某种性能。乘用车为了满足不同性格驾驶者对车辆动力或燃油消耗的需求，也设计有经济/动力性换挡模式供驾驶员选择。而根据行驶环境的需要，如拥堵路况、雪地行驶、坡道上起步需要等，换挡策略还可以设计为蠕行模式、雪地模式、坡道起步模式、下坡辅助制动模式等。这些不同的行驶模式被设计为按钮、开关由驾驶者自主选择。虽然此类设计目的明确，但并不符合驾驶操作越来越简化的发展趋势，选择恰当与否也与驾驶者驾驶技术高低有关，因此自动换挡系统如何智能地自主决定适合行驶环境和驾驶者驾驶习惯的换挡规律，是自动换挡策略需要解决的问题。目前许多先进汽车厂家对各种智能换挡策略模式进行了深入研究并运用到实车中。德国大众AG4自动变速器[79]即取消了运动、经济模式选择按键，由自动变速系统根据行驶坡道、驾驶员的驾驶习惯及交通环境等综合判断后自动选择挡位。BMW和ZF公司合作推出的5HP-30五挡自动变速器[80]，能够识别出阻力值的增大从而解决由行驶阻力增大和速度波动造成的换挡循环问题。此后BMW、ZF和BOSCH公司合作推出的5HP-24能通过驾驶员的油门踏板操作推断驾驶员的驾驶特点，然后自动赋予预先设定的四种模式之一。三菱公司的"fuzzy shift 4AT"系统[81,82]引入"模糊控制"概念，该系统收集车辆行驶状况信息，通过模糊逻辑判断后自动选择适当的换挡方式。因此使用该系统车辆能够在上坡或弯道路况上避免换入高挡，也可以在下坡时由高挡换入低挡。西门子VDO公司开发的SAT自动变速器[83]能够自动识别出驾驶人的驾驶风格，可以识别出车辆载荷，并且具有雪地路面检测等功能，具有较高的智能程度。

综上所述，由于车辆行驶环境的复杂性以及驾驶人性格的多样性，换挡策略无法使用单一方法来适应实际行驶中的多种工况，目前的汽车换挡策略通常是多种方法的集合运用，而对这些有针对性的换挡策略的研究是综合性换挡策略制定的基础。

1.2.3 GPS 在换挡系统中的应用状况

全球定位系统（global positioning system，GPS）是由美国研发主导的卫星定位系统，国外汽车行业对 GPS 技术使用较早，在进行坡度识别、车辆载荷识别时也有借助 GPS 信息的研究方法[84,85]。2000 年美国取消"选择可用性"（selective availability，SA）政策，不再人为降低普通用户利用 GPS 进行导航定位的精度，由此 GPS 民用误差可以限制在 20 米内（数据来源不一，一般 10~14 米）。在我国，近几年以 GPS 为主的卫星定位技术不断发展，基于惯性制导的航位推算设备精度也在不断提高，基于上述两者的混合定位技术为各类运动载体提供了实时精确定位信息的可能。各种混合定位方法能够提供移动载体的连续而准确的三维位置信息、三维速度信息等，因此实时获取移动载体在运动过程中的当前位置及运动前方位置坐标成为可能。

车辆导航是 GPS 信息系统在车辆上的传统应用领域，近几年 GPS 信息在车辆的更多控制系统中得到应用，如辅助控制单元中的冷却系统、空气压缩机、油泵、方向盘助力系统，巡航控制中的车轮制动、发动机、辅助制动等，传动系控制中的变速器、离合控制[86]。由瑞典公路管理局和瑞典汽车公司制造商联合发起的智能车辆安全系统（intelligent vehicle safety systems，IVSS）和斯堪尼亚 CVAB 所赞助的"使用预见信息的车辆控制"项目于 2005 年建立，专门致力于资助博士生对预知性地理信息在车辆控制系统中的应用研究。埃瑞克·赫尔斯特罗姆（Erik Hellström）博士[87]在其 2010 年的学位论文中研究了如何使用预知地理信息规划车辆速度与挡位来降低重卡车辆的燃油消耗量，通过建立一个基于滚动时域控制（receding horizon control，RHC）的实时控制系统，将车辆行驶时其前方一定距离视为一个优化区间，用反复解决最优问题的方法来随车辆行驶进行实时控制。

国外很多汽车企业较早开始了借助 GPS 系统实现预见性控制的研究，目前，通过挡位车速等的调节实现燃油消耗的降低，更加准确的换挡操作技术等已经应用到实车中。2013 年在日内瓦车展首发的劳斯莱斯魅影（Wraith）[88]采用了卫星辅助传动系统（satellite aided transmission，SAT）来处理 GPS 数据，与导航系统一起预测前方路况，从而自动选择最佳挡位，同时避免不必要的换挡。2014 年汉诺威车展上[89,90]，德国曼恩（MAN）展出了其配置名为高效巡航（efficient cruise）系统的重卡，该系统使用 GPS 和三维地图技术，预测车辆前方上、下坡路况，通过对坡道速度的预测性调整，可使 40 吨卡车节省最高 6%的燃油消耗。此次展览中，斯堪尼亚也推出其基于 GPS 的智能换挡系统，通过动能滑行系统（eco-roll）、智能辅助换挡系统（opticruise）与斯堪尼亚主动预见性巡航控制系统（scania active prediction）的配合来节省车辆燃油消耗。

在国内汽车行业并未有换挡系统使用预知性地理信息的实例，但已初步具备应用所需的技术条件。目前，车辆导航、地理信息采集与测量等领域中，通过定位信息与电子地图中路网相结合的方式以确定车辆在地图中具体位置的地图匹配技术已经十分成熟。而换挡系统需要地理环境的三维信息（如坡度等参数），这种三维地图技术发展也非常迅速。2014年，华为与高德地图联合推出立体导航产品[91]。在研究领域，吉林大学范铁虎[92]针对道路参数获取以及在AMT换挡策略中应用的问题进行了研究。主要根据换挡控制系统的特点提出了一种便于道路信息提取和定位信息匹配的道路参数库，并对地图匹配方法进行了研究，是国内较早研究GPS道路信息如何在换挡系统中应用的范例。北京科技大学的赵鑫鑫[93]研究了矿用工程车辆在固定行驶轨迹中的换挡策略。根据车辆前方道路信息设计换挡策略，与GPS信息在换挡策略中的应用原理相似，其换挡策略设计方法具有可借鉴性。随着高速计算芯片和小体积、大容量、高可靠性的存储介质的出现，定位信息在完备的数字地图中的精确匹配、相关数据获取和相关信息的逻辑分析与识别可以在极短时间内完成。这些为基于地理信息预知的换挡策略发展提供了可靠的技术基础，而换挡策略对此类技术提出的明确需求也会促进相关配套技术的快速发展。

1.2.4 目前存在的问题

目前，自动换挡策略在乘用车上的应用和发展较为成熟。卡车由于载荷大、挡位多、发动机后备功率低、行驶环境广泛、更加注重车辆经济性能等因素，其换挡策略研究具有一定的特殊性。而目前在信息技术、车辆智能技术发展条件下，卡车换挡策略也有新发展的可能。综上所述，卡车换挡策略研究目前存在以下几个主要问题：

（1）车辆载荷变化与坡道工况对换挡策略影响比乘用车更大，如何利用预见性地理信息完成坡道换挡，是研究的一个侧重点。

（2）使用车辆自身行驶参数或传感器进行路况识别的方法对某些换挡策略的实施存在路况识别滞后，如何引用可行性识别技术予以解决的问题。

（3）与乘用车以驾驶人为中心解决车辆动力性和经济性之间的矛盾不同，卡车在力求燃油经济性的前提下，需要根据车辆载荷和行驶环境对动力性的需求来解决动力性、经济性的平衡问题。而动力需求随车辆行驶路况改变即时变化，换挡策略如何解决这种实时变化的问题。

（4）目前，弯道换挡策略研究中的识别方法落后于换挡策略实施，借助预见性地理信息如何制定有效换挡策略避免降速升挡的问题。

1.3　本课题研究内容

乘用车自动换挡策略发展较早也较为成熟，如果卡车换挡策略在其基础上针对卡车结构特点、使用条件进行研究，就能够缩短研发时间，迅速完善换挡策略系统。在研究过程中结合当前信息电子技术和车辆智能发展新技术则有望取得换挡技术新突破，有利于卡车自动变速系统的应用及卡车品质的提升。本书以国产某品牌重型 AMT 卡车为目标车型，充分分析该类卡车车辆特点与使用要求，针对其在实际应用中遇到的换挡问题，进行重型卡车的自动换挡策略研究。目的是使自动换挡策略适应卡车使用条件，能够根据车辆与驾驶环境的变化在恰当的时机进行自动换挡，降低卡车的燃油消耗。具体研究内容如下：

（1）AMT 卡车整车仿真模型建立。建立 AMT 重卡的动力系统仿真模型和换挡逻辑模型。根据目标车辆和发动机特性参数计算得到基础动力性换挡规律、经济性换挡规律，后期换挡策略设计在该基础上进行。

（2）目前，车辆行驶环境的识别方法对弯道、坡道等路况的策略实施存在滞后性问题。本书提出将预见性地理信息应用于换挡策略的思路，分析能够被换挡策略使用的地理信息及交通信息，即换挡策略所使用的 GPS 地图所需内容，并确定地理信息预知系统与换挡系统结构关系。

（3）针对如何利用换挡策略保证卡车足够的动力性，又尽可能省油的问题，提出一种基于地理信息预知的挡位决策技术。以借助GPS/GIS等技术将地理信息预知引入换挡决策为前提，根据预见距离内的坡道情况使用动态规划方法求取最优综合换挡规律，并用计算机仿真进行调整与验证。

（4）地理信息预知可减少卡车换挡次数，提高换挡效率。在地理信息预知可产生有利影响的坡道路况中，分析车辆行驶特点，研究如何利用预知坡道长度、坡度值等制定合理的降挡策略，从而改善逐级换挡造成的动力损失的问题。并阐述如何利用地理信息预知功能解决各阶段衔接的挡位规划问题，避免出现因不清楚前方路况而短时间内升/降挡现象。

（5）在地理信息预知可产生有利影响的弯道路况中，针对既往弯道换挡策略经常出现意外换挡的问题，通过建立车辆过弯模型，以获取观测实验正常车辆过弯速度，根据过弯时保证车辆操纵稳定性的原则，从车辆安全、人体生理学角度提出安全性、人体可容忍性指标，以预知的地理信息为基础制定过弯换挡策略。

第 2 章

整车动力系统建模和基础换挡规律制定以及地理信息系统构建

换挡策略涉及人、车、环境多个方面,需要从理论分析与实践经验两个层面进行掌握[94]。经验的获取基于实验测试与总结,分析则可在车辆动力学基础上建立仿真模型进行研究。利用计算机仿真,换挡策略设计与研究人员可以深入把握动力传动系统的运行特性,相比实车能够更加方便地对换挡策略进行修改与调整,因而计算机仿真一直是 AMT 换挡策略开发的重要工具[95-97]。本章以建模假设条件为前提,以服务后续换挡规律为目标,建立重型卡车整车动力系统模型,制定目标车型基础换挡规律,研究地理信息预知系统的结构。

2.1 动力传动系统特性分析与建模

目标车型为具有 16 个前进挡位,牵引总质量 40 000kg 的重型卡车。将整个动力系统简化处理后可用图 2-1 表示。车辆

<<< 第 2 章 整车动力系统建模和基础换挡规律制定以及地理信息系统构建

动力传动系主要包括发动机和传动系两大部分，发动机所提供的动力，经离合器、变速器、主减速器传递至车轮。对不同的使用目标，车辆动力系统建模可采用不同的方式。本文以所建模型适宜自动变速器换挡策略的验证为目的，首先在理论上阐述模型中动力传递过程，不考虑驱动轴弹性，各部件表现为集中质量以尽可能简化模型，然后在 Trucksim 软件中根据目标车型参数建立计算机仿真模型，反复调试模型以达到仿真结果能够模拟实车行驶数据。

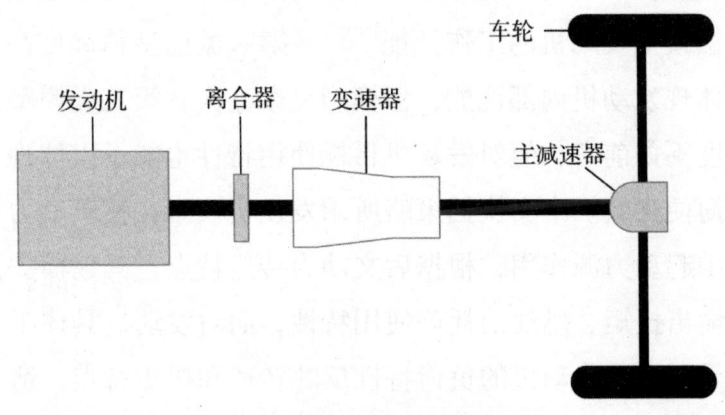

图 2-1 整车传动系统示意图

2.1.1 发动机模型

发动机为车辆提供动力，是动力传动系统的源头，准确的发动机模型是整车模型的基础。发动机的工作特性是发动机性能的对外反映，表现形式多样，主要分为负荷特性、速度特性、燃油经济性特性和排放特性[98]。其中，与换挡策略计算和制定关系紧密的是发动机负荷特性和发动机燃油经济性特性。

发动机模型根据不同的使用特点建模方法不尽相同，主要可以分为两类：一是按照发动机工作原理以理论分析的方法进行建模，详细描述进气、喷油、点火、燃烧做功一系列过程，涉及气缸压力重构、摩擦及泵气损失、废气再循环以及发动机动态惯性等因素[99-101]，能够精确反映发动机的动态响应特性，以发动机性能研究为目标时可选择该种建模方式。第二种方法是试验建模方法，通过台架试验对目标发动机进行测试获取扭矩、燃油消耗特性等数据，在仿真建模中以查表或数据拟合方法模拟发动机的工作性能[102]。第一类模型精确度高，能充分体现发动机内部性能，但模型复杂庞大；第二类模型虽然精确度不如前者，但对发动机目标使用特性也能予以体现并且建模简便高效。本文换挡策略所用发动机模型在整车动力系统模型中起动力源作用，根据后文动力传递特点，其建模关注转速、输出扭矩、燃油消耗等使用特性，而对发动机具体工作过程不予研究。发动机的负荷特性反映转速和扭矩特点，适宜以图表的形式表达，对发动机稳态工况特性的模拟能够达到较高的精度，并且图表模型计算工作量较小，因此本文选择第二类方法进行发动机建模。

2.1.1.1 发动机扭矩特性数据获取

发动机模型通常使用发动机稳态特性。由发动机扭矩 T_e ($N·m$) 与发动机转速 n_e (rpm)、油门开度 a_e (%) 的对应关系表示：

$$T_e = f(a_e, n_e) \tag{2-1}$$

以解析法求解换挡规律时需将不同油门开度下发动机扭矩与转速拟合，本文所使用建模工具也以该形式表述发动机特性。如果将相应油门开度下所得的实验数据用二次曲线进行拟合可表示：

$$T_{e(a)} = e_0 + e_1 n_e + e_2 n_e^2 \quad (2-2)$$

其中，e_0、e_1、e_2 为拟合系数。

目标发动机为一最大输出功率 276 千瓦的柴油机，其稳态特性以台架实验测试获取其不同负荷度下的扭矩特性数据。以 100% 油门开度为例，图 2-2 显示了实验数据与拟合数据分布情况，二次拟合曲线能够较好再现发动机真实扭矩，可以满足精度要求。使用该拟合方法，将不同油门开度下的发动机负荷特性曲线显示如图 2-3 所示。

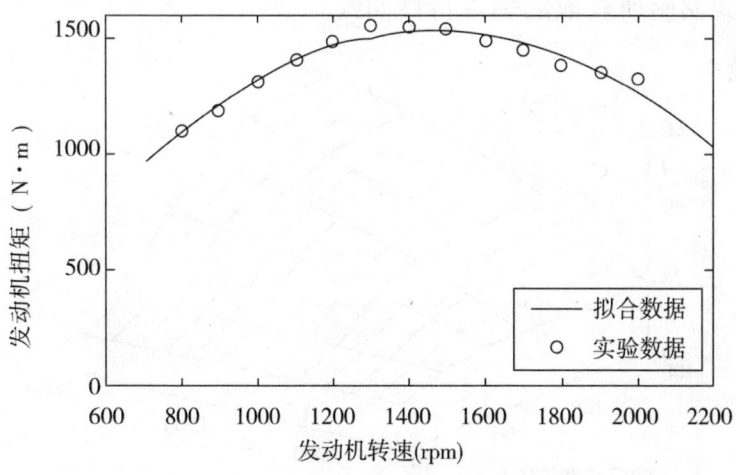

图 2-2　油门开度 100% 时发动机负荷特性图

2.1.1.2 发动机燃油特性数据获取

发动机的油耗信息关系到经济性换挡规律的制定，该特性

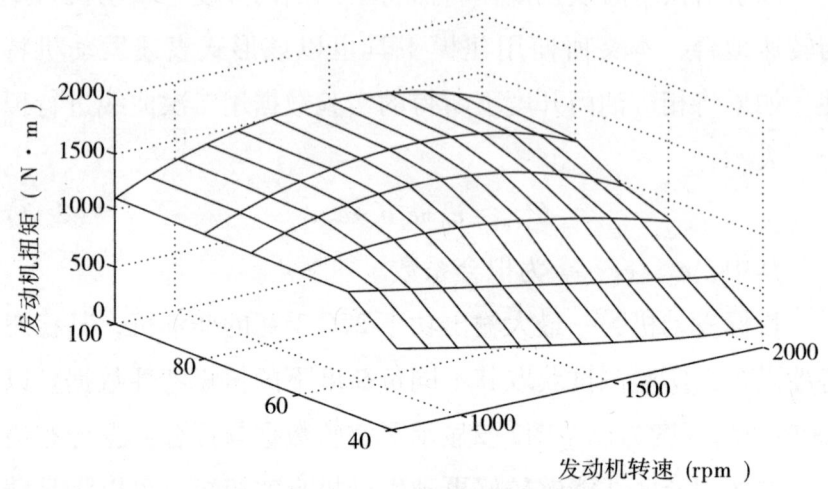

图 2-3 发动机负荷特性图

也可通过台架实验测量。如图 2-4 所示为本文目标车辆发动机经台架实验所获取的燃油特性曲线。

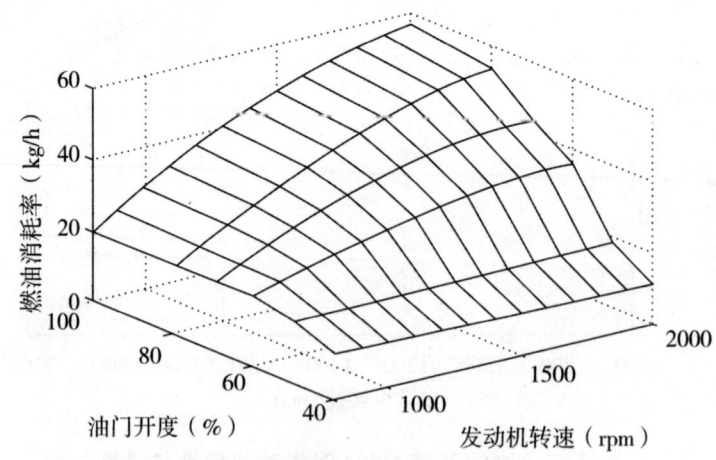

图 2-4 发动机油耗特性图

2.1.1.3 发动机动力传递模型

发动机模型可表示：

$$J_e \dot{\omega}_e = T'_e - T_{fric,e} - T_c \qquad (2-3)$$

其中，J_e 为发动机旋转部件（主要是飞轮）转动惯量（$kg \cdot m^2$）；$\dot{\omega}_e$ 为发动机曲轴角加速度（rad/s^2）；T'_e 为发动机缸内燃烧产生的驱动转矩（$N \cdot m$）；$T_{fric,e}$ 为发动机内部摩擦力矩（rad/s^2），令 T'_e 代表发动机输出转矩，则 $T_e = T'_e - T_{fic,e}$；T_c 为离合器输出轴扭矩（$N \cdot m$）。

2.1.2 传动系模型

如果将车辆动力传动系划分为发动机和传动系两大部分，则传动系主要包括离合器、变速器、传动轴、主减速器、驱动轴和车轮等。设定传动轴、驱动轴为刚性，其前后所传递的转矩转速完全相等，为简化模型在传递图中将其省略。同时假设离合器为刚性，变速器和主减速器的转矩传递没有损失。建立一个集中惯量形式的传动系基本模型，动力传递过程如图 2-5 所示。

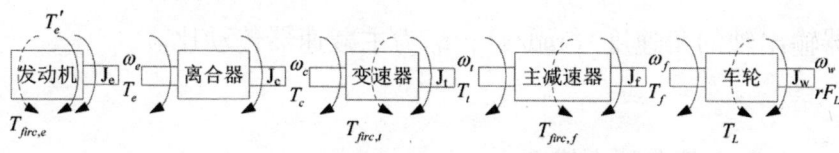

图 2-5 车辆动力传递过程图

2.1.2.1 离合器模型

不考虑换挡期间离合接合特性，只考虑离合器完全接合情况，由刚性假设其转矩和转速满足：

$$T_e = T_c, \quad \omega_e = \omega_c \tag{2-4}$$

其中，T_e 为发动机传递给离合器主动盘的扭矩（N·m）；ω_c 为离合器输出轴的角速度（rad/s）。

2.1.2.2 变速器模型

离合器将其输出轴扭矩 T_c 传递给变速器输入轴，忽略变速器内部摩擦和系统惯性，则简化模型：

$$T_t = T_c i_g, \quad \omega_t = \frac{\omega_c}{i_g} \tag{2-5}$$

其中，T_t 为变速器输出轴扭矩（N·m），其输入轴扭矩与离合器输出轴 T_c 相等；ω_t 为变速器输出轴的角速度（rad/s）；i_g 为变速器传动比。

2.1.2.3 主减速器模型

同理，忽略主减速器内部摩擦的简化模型：

$$T_f = T_t i_0, \quad \omega_f = \frac{\omega_t}{i_0} \tag{2-6}$$

其中，T_f 为主减速器输出轴扭矩（N·m）；ω_f 为主减速器输出轴的角速度（rad/s）；i_0 为主减速器传动比。

2.1.3 整车受力模型

车辆行驶时的纵向受力情况可由图 2-6 表示。根据牛顿第二运动定律对车辆进行受力平衡分析，则有：

$$F_L = m\dot{u} + F_w + F_f + F_i \tag{2-7}$$

其中，u 为车速（m/s）；F_w 为空气阻力（N）；F_f 为滚动阻力（N）；F_i 为坡道阻力（N）；F_L 为附着力（N），为以下几个部分之和。[103]

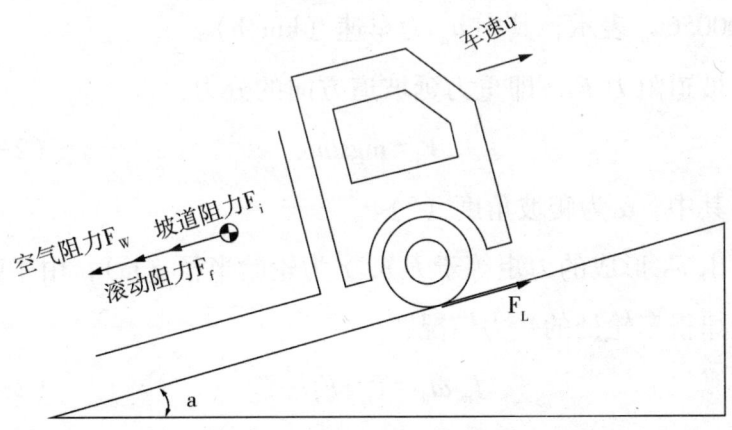

图 2-6　车辆纵向受力图

空气阻力 F_w 近似：

$$F_w = \frac{1}{2} C_D A \rho u_r^2 \tag{2-8}$$

其中，C_D 为空气阻力系数，轿车一般在 0.25~0.4 之间，货车通常为 0.6~1.0 之间；A 为迎风面积（m^2）；ρ 为空气密度，一般 $\rho = 1.2258 N \times s^2 \times m^{-4}$；$u_r$ 为相对速度（m/s），在无风时即为汽车行驶速度 u。本文讨论无风情况，则空气阻力可表示：

$$F_w = \frac{1}{2}C_D A\rho u^2 \qquad (2-9)$$

滚动阻力 F_f 近似：

$$F_f = mgf \qquad (2-10)$$

其中，m 为汽车质量（kg）；g 为重力加速度（m/s²）；f 为滚动阻力系数，货车滚动阻力系数也推荐使用 $f = 0.0076 + 0.000056u_a$ 表示，其中 u_a 为车速（km/h）。

坡道阻力 F_i，即重力延坡道方向的分力：

$$F_i = mg\sin\alpha \qquad (2-11)$$

其中，α 为爬坡角度（°）。

由 F_L 形成的力矩等于 $F_L r$，r 为轮胎半径（m），由牛顿第二定律得车轮处的受力情况：

$$J_w \dot{\omega}_w = T_w - F_L r - T_L \qquad (2-12)$$

其中，J_w 为车轮转动惯量（$kg \cdot m^2$）；T_w 是传动系传递到车轮处的扭矩（N·m）；T_L 为摩擦损失力矩（N·m）。将 F_L 的受力组成带入式（2-12），并忽略摩擦力矩（$T_L = 0$），根据车辆纵向动力学特性，可得：

$$(J_w + mr^2)\dot{\omega}_w = T_w - r\left(\frac{1}{2}C_D A\rho u^2 + mgf + mg\sin\alpha\right) \qquad (2-13)$$

综合以上整个动力传递推导过程，消去中间变量，如转速关系 $\omega_e = \omega_c = \omega_t i_g = \omega_f i_g i_0 = \omega_w i_g i_0$，转矩关系 $T_e = T'_e - T_{fic,e} = T_c = \dfrac{T_t}{i_g} = \dfrac{T_f}{i_g i_0} = \dfrac{T_w}{i_g i_0}$，则式（2-3）可写：

$$J_e \dot{\omega}_e = T_e - \frac{T_w}{i_g i_f} \tag{2-14}$$

由于车速 $u = r\omega_w$，因此可以车速、发动机转速表述整个动力传递过程，选择车速，联立式（2-13）（2-14）得到传动系基本模型：

$$(J_w + mr^2 + J_e i_g^2 i_0^2)\ \dot{u}/r = T_e i_g i_0 - r\left(\frac{1}{2}C_D A\rho u^2 + mgf + mg\sin\alpha\right) \tag{2-15}$$

式（2-15）也可写成：

$$\left(\frac{J_w}{mr^2} + 1 + \frac{J_e i_g^2 i_0^2}{mr^2}\right) m\dot{u} = \frac{T_e i_g i_0}{r} - \left(\frac{1}{2}C_D A\rho u^2 + mgf + mg\sin\alpha\right) \tag{2-16}$$

以上推导没有考虑传递系动力损失，如果计入传动系的机械效率 η，则式（2-16）写成：

$$\left(\frac{J}{mr^2 + 1 + \frac{J_e i_g^2 i_0^2 \eta_T}{mr^2}}\right) m\dot{u} = \frac{T_e i_g i_0 \eta_T}{r} - \left(\frac{1}{2}C_D A\rho u^2 + mgf + mg\sin\alpha\right) \tag{2-17}$$

式（2-17）描述了汽车加速行驶时的受力情况。车辆加速时不仅平移质量产生惯性力，旋转质量也会产生惯性力偶矩，如果用系数 δ 代表汽车旋转质量换算系数，δ 值主要与车轮、发动机飞轮转动惯量以及传动比有关，则式（2-17）写成：

$$\delta m \dot{u} = \frac{T_0 i_g i_0 \eta_r}{r} - (\frac{1}{2}C_D A\rho u^2 + mgf + mg\sin\alpha) \quad (2-18)$$

其中，$\delta = 1 + \frac{J_r}{mr^2} + \frac{J_e i_g^2 i_0^2 \eta_r}{mr^2}$。

2.2 仿真建模

根据本文换挡策略研究重点，仿真模型主要分为两个组成部分，首先是能表征整车行驶的车辆动力学模型，主要根据前述车辆纵向动力学分析构建，能够表征车辆物理实体并能够模拟车辆正常行驶时的车速、发动机扭矩、当前挡位等；另一部分是换挡规律的逻辑控制模型，实现本文所研究和制定的换挡策略。本文使用专门针对卡车动力学的仿真软件 TruckSim 针对目标卡车建立上述整个传动系模型，道路工况及空气阻力等也在 TruckSim 中设置。在 Matlab/Stateflow 软件中建立换挡逻辑模块，使用 Trucksim 与 Matlab 进行联合仿真，仿真整体框架如图 2-7 所示。

车辆动力学模型在 TruckSim 中完成，其中变速器模型为 16 个前进挡，速比值见表 2-1 所示。

<<< 第 2 章 整车动力系统建模和基础换挡规律制定以及地理信息系统构建

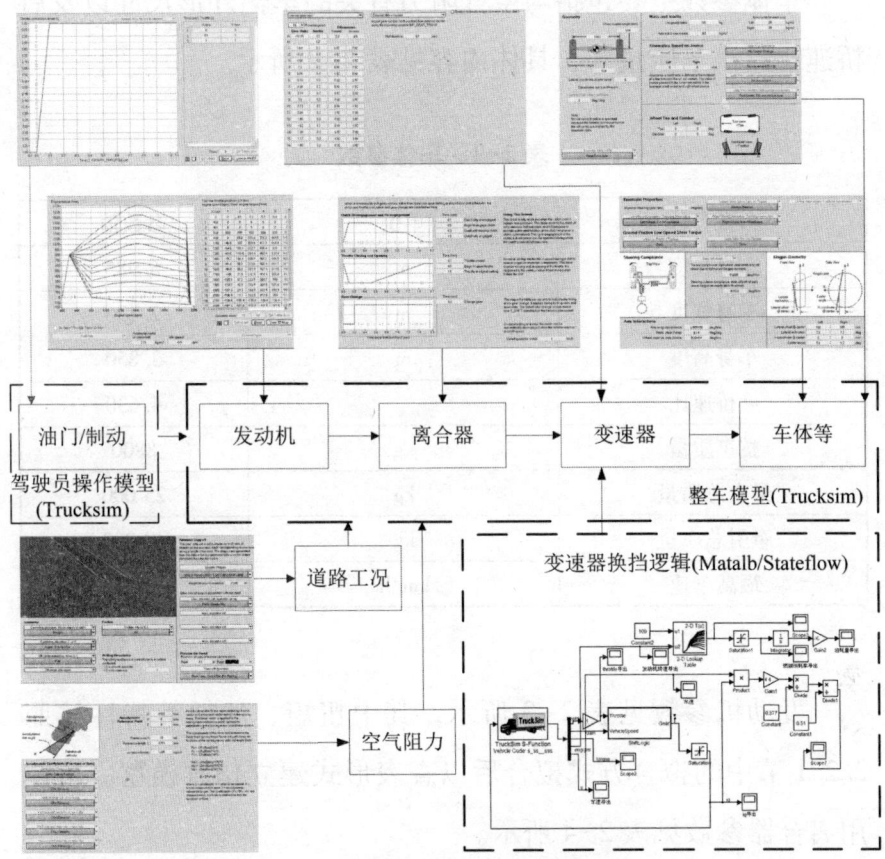

图 2-7 仿真模型结构示意图

表 2-1 车辆 16 个挡位变速器传动比

挡位	1	2	3	4	5	6	7	8
传动比	15.586	13.125	10.885	9.167	7.481	6.300	5.195	4.375
挡位	9	10	11	12	13	14	15	16
传动比	3.563	3.000	2.488	2.095	1.710	1.440	1.188	1.000

35

车体参数主要包括与空气阻力有关的车辆外形尺寸以及后桥速比、汽车质量等，具体内容见表2-2所示。

表2-2 车体参数

参数名称	单位	参数值
车身长度	m	6.985
车身宽度	m	2.496
车身高度	m	3.850
后桥速比		4.630
整车质量	kg	8800
最大总质量	kg	25 000
牵引总质量	kg	40 000
最高车速	km/h	101

发动机参数见表2-3所示，其中扭矩、油耗等特性按照2.2.1节中的拟合方式拟合后以查表形式建立仿真模型。所使用离合器参数见表2-4所示。

表2-3 发动机参数

参数名称	单位	参数值
最大马力	HP	375
最大输出功率	kW	276
最大扭矩	N·m	1500
最大扭矩转速	rpm	1600
额定转速	rpm	2200

表 2-4 离合器参数

参数名称	数值
离合器型式	单片、膜片弹簧、拉式离合器
摩擦片外直径（mm）	430
摩擦片内直径（mm）	242
压盘压紧力（N）	31 500
传递的额定扭矩（N·m）	2100

在 Matlab 软件中以 Stateflow 建立换挡逻辑如图 2-8 所示，主要负责在一定油门与车速行驶时，根据所设计换挡策略完成

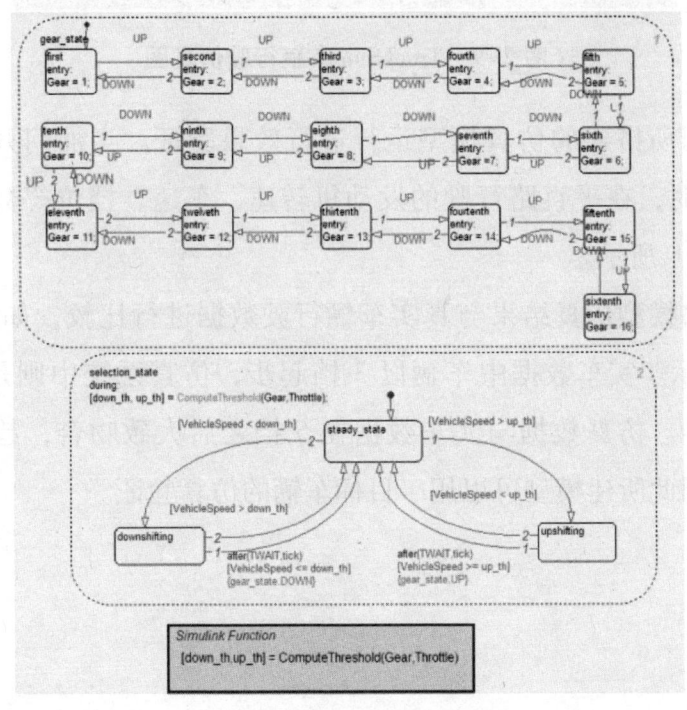

图 2-8 换挡逻辑控制图

模型车辆的升、降挡动作。最终所建完整车辆模型在 TruckSim 中以设定路况行驶的仿真界面如图 2-9 所示。

图 2-9　TruckSim 车辆行驶仿真图

对所搭建的仿真模型运行进行效果验证。当油门开度为 100%时，在平直路行驶的发动机转速、车速、挡位等数据如图 2-10 所示。

将模型仿真结果与真实车辆行驶数据进行比较，如图 2-11 所示。实车数据中车辆以 3 挡起步，仿真系统中则是以 1 挡起步。仿真数据与实车数据在 5 挡之后大致吻合，趋势相仿，因此所建模型可以用于目标车辆的仿真验证。

<<< 第2章 整车动力系统建模和基础换挡规律制定以及地理信息系统构建

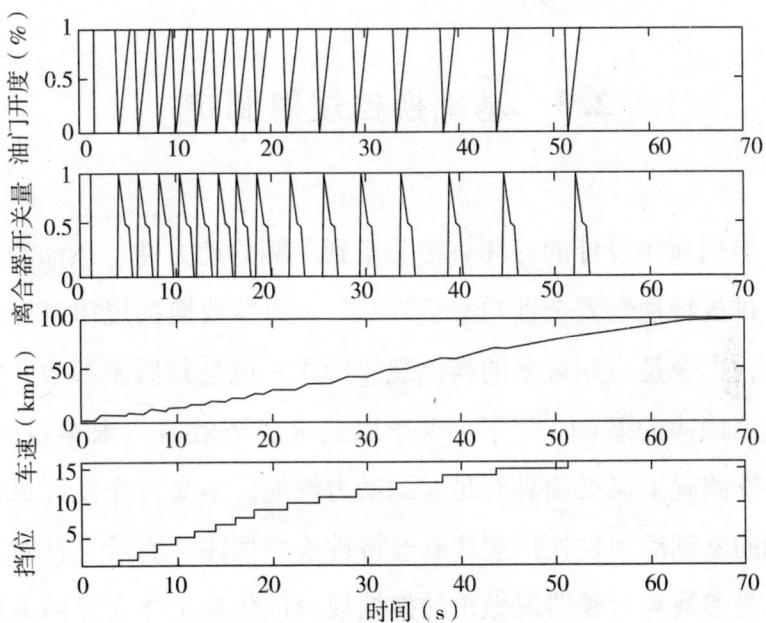

图 2-10 起步行驶仿真实验数据图

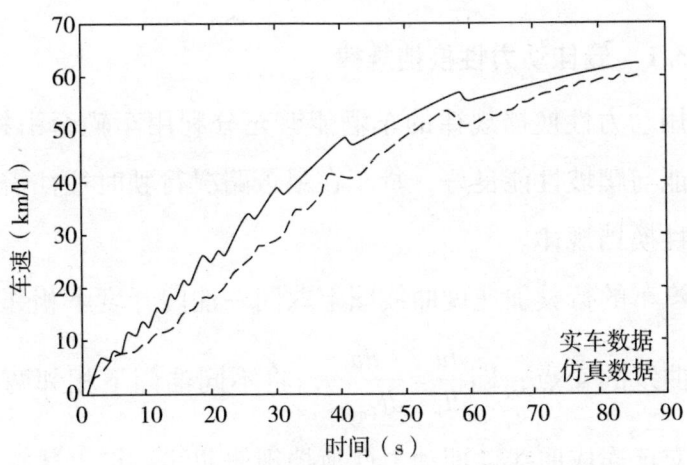

图 2-11 仿真与实车行驶数据比较

2.3 基础换挡规律制定

换挡规律设计的好坏直接关系到车辆的动力性、燃油经济性、排放特性、安全性与舒适性[104]。两参数换挡规律自发明以来，迄今是应用最多的换挡规律形式，也是其后多参数和智能换挡规律的基础[105-108]。卡车以追求经济效益为根本目标，在特殊路况下又必须具有足够的动力性能，本文首先设计目标车辆的基础动力性换挡规律和经济性换挡规律，而后文针对车辆自身参数和行驶路况做出的换挡规律优化都是建立在两参数换挡规律设计原理之上的。

2.3.1 最佳动力性换挡规律

使用动力性换挡规律的车辆能够充分利用车辆牵引特性，加速性能与爬坡性能良好，货车在艰苦路况行驶时往往需要使用动力性换挡规律。

在汽车的行驶加速度曲线图上取同一油门开度下相邻两挡加速度曲线的交点，即 $\dfrac{du}{dt_n} = \dfrac{du}{dt_{(n+1)}}$，将不同油门下相邻两挡加速度的交点连成曲线，即动力性换挡规律曲线。按上述定义用绘图法易获取换挡规律曲线，通过解析法计算则可获取精确的换挡数值。根据 2.2 节中的车辆行驶动力学分析可知，平路时车辆加速度可以表示为：

$$\frac{du}{dt}=\frac{F_t-F_t-(F_f+F_w+Fi)}{\delta m} \quad (2-19)$$

考虑动力学中各行驶力的组成，式（2-19）可以写成：

$$\frac{du}{dt}=\left(\frac{T_e i_g i_0 \eta_T}{r}-mgf-\frac{1}{2}C_D A\rho u^2\right)/\delta m \quad (2-20)$$

根据动力性换挡规律的定义又有：

$$\left(\frac{T_{e(n)} i_{g(n)} i_0 \eta_T}{r}-mgf-\frac{1}{2}C_D A\rho u^2\right)/\delta_n$$

$$=\left(\frac{T_{e(n+1)} i_{g(n+1)} i_0 \eta_T}{r}-mgf-\frac{1}{2}C_D A\rho u^2\right)/\delta_{n+1} \quad (2-21)$$

发动机扭矩特性如果以转速拟合，而发动机转速与车速存在如下关系：

$$u_a=\frac{0.377rn_e}{i_g i_0} \quad (2-22)$$

其中，u_a 为汽车行驶速度（km/h）。若式（2-22）以车速 u 表示，可写成：

$$u=\frac{0.105rn_e}{i_g i_0} \quad (2-23)$$

根据式（2-2）（2-23），将发动机扭矩由车速拟合：

$$T_e=e'_0+e'_1 u+e'_2 u^2 \quad (2-24)$$

其中，e'_0、e'_1、e'_2 为拟合系数。

联立式（2-21）（2-24），解方程求得 u 即相邻两挡的最佳动力性换挡点。如果无解，则表明该油门开度下该相邻两挡加速度曲线无交点，取每挡的最高车速点为升挡点。图 2-12 为使用以上方法计算得到的动力性升挡规律曲线。

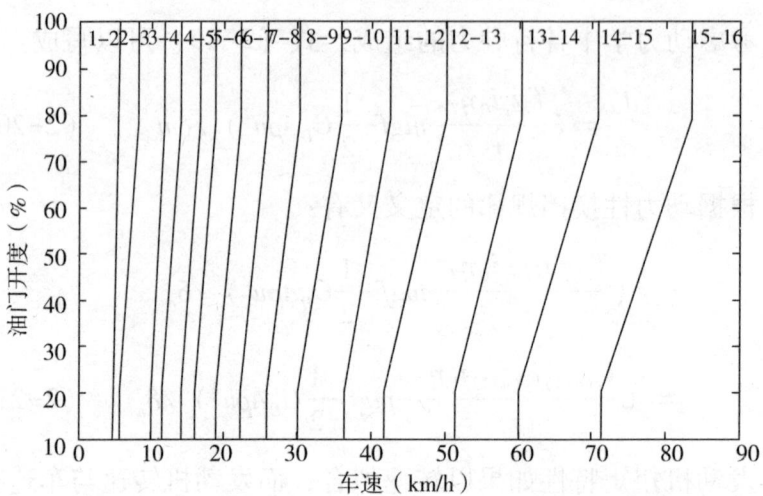

图 2-12　解析法计算得到的动力性升挡规律曲线

由求解动力性换挡规律的解析法定义可知，车辆在该种换挡点换挡时，换挡前后加速度保持一致，此时由换挡造成的冲击度最小。但实际求解发现，一种情况是相邻两挡加速度相同时，发动机转速不一定位于扭矩较大区域。比如，100%油门开度时，2挡升3挡的升挡点以发动机转速计为2160rpm，超出该油门开度下的扭矩较优转速区间（1300~1800rpm）。另一种情况是计算过程中无解，如果以该挡位下最高车速点作为换挡点[71]，车辆动力性能并不能得到保证。因此，本文在解析法基础上做出以下调整：当求解得到转速超出发动机最佳扭矩范围时，将对应油门开度下发动机扭矩较大区间的上限值作为升挡点参考值，考虑换挡后发动机转速决定升挡点；当求解无解时，以对应油门开度下发动机扭矩较大区间的上限值作为升挡点参考值，考虑换挡后发动机转速决定升挡点。以调整法求得的动力性升挡规律如图2-13所示。

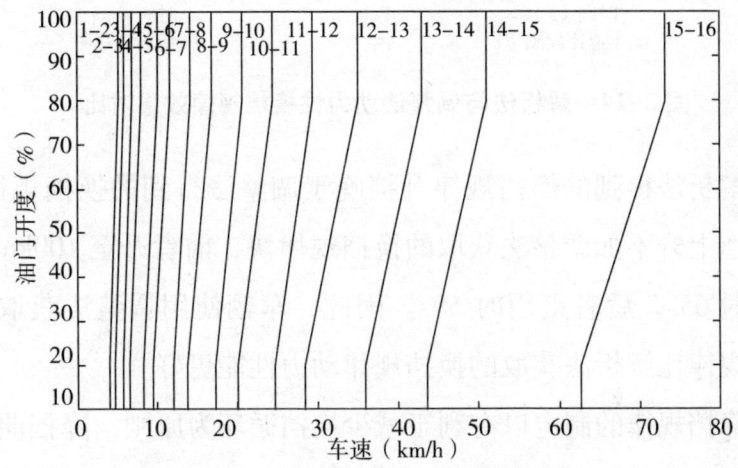

图2-13 调整后的动力性升挡规律曲线

为验证调整方法得到的换挡规律优化效果，在仿真车辆中分别使用调整法和解析法所得换挡规律进行起步行驶测试，100%油门下平直路面行驶至最高车速数据对比如图2-14所示。

基于预见性地理信息的 AMT 重卡自动换挡策略研究　>>>

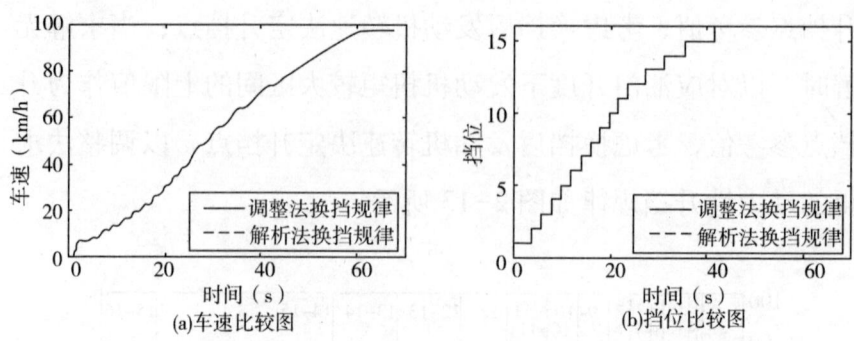

(a)车速比较图　　　　　　　(b)挡位比较图

图 2-14　解析法与调整法动力性换挡规律效果对比

解析法得到的换挡规律升挡晚于调整法得到的换挡规律，而车速上升不如调整法获取的换挡规律快，前者升至 100km/h 时用时 65s，后者则用时 59s。因此，车辆使用调整法获取的换挡规律比解析法获取的换挡规律动力性能更好。

降挡规律的制定以有利于减少换挡循环为原则，降挡曲线一般比照升挡规律按一定收敛规则确定。换挡规律的发散与收敛程度用 A_1 来评价[109]：

$$A_1 = (u_n\uparrow - u_{n+1}\downarrow)/u_n\uparrow \qquad (2-25)$$

其中，$u_n\uparrow$ 为全开油门时，n 挡换入 n+1 挡时的车速；$u_{n+1}\downarrow$ 是全开油门时，n+1 挡降到 n 挡时的车速。

一般常用挡时，A_1 小于 0.4~0.45，通常以 $u_{n+1}\downarrow$ 大于发动机最大功率点转速的 0.5~0.6 为宜。根据以上原则设计降挡规律曲线如图 2-15 所示。

在仿真车辆模型中使用该动力性换挡规律，平路路况下进行油门全开的起步行驶仿真，油门开度、发动机转速、车速和挡位数据如图 2-16 所示。

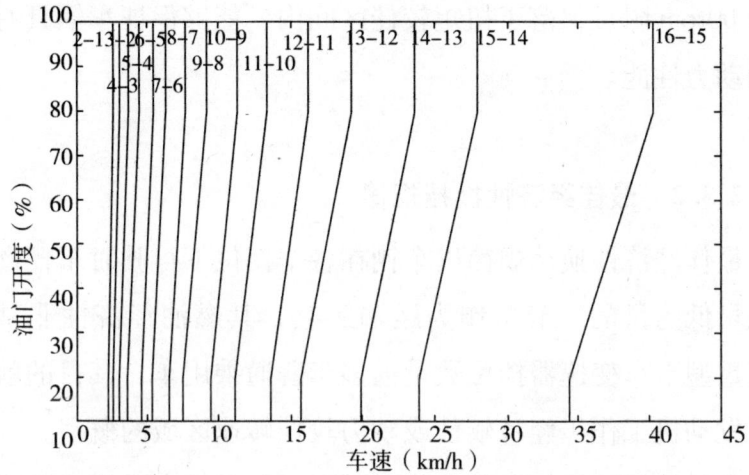

图 2-15 动力性降挡规律曲线

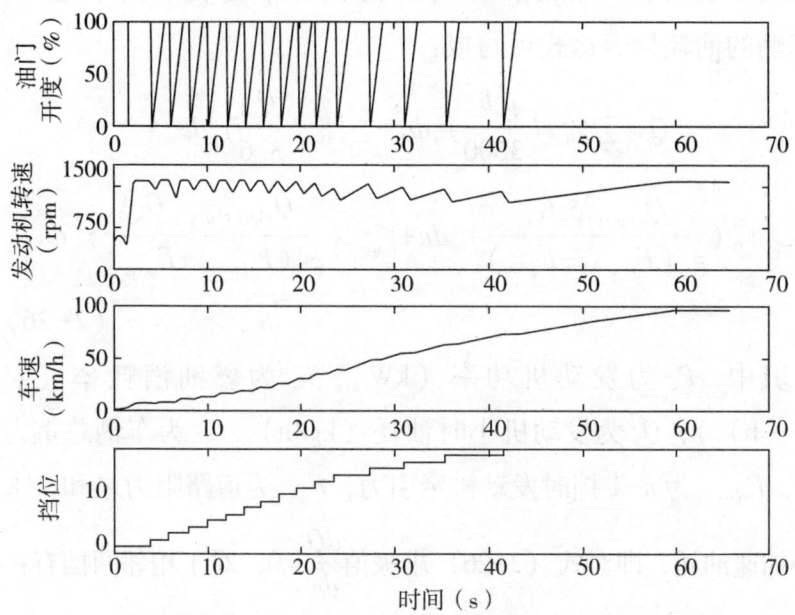

图 2-16 车辆采用动力性换挡规律仿真行驶数据

当车辆使用动力性换挡规律时，发动机工作转速范围维持在1500rpm附近，落于扭矩较佳区间内，能够保证车辆具有较好的动力性能。

2.3.2 最佳经济性换挡规律

最佳经济性换挡规律以车辆在各个挡位下行驶时车辆燃油消耗最低为目的。卡车作为运输工具，其燃油经济性非常重要，重型卡车变速器挡位数量远多于普通乘用车，其目的就是增加发动机工作于经济较佳或动力较佳转速区域的概率。

假设油门踏板处于某一位置不变，如果设定目标函数为当原地起步连续换 i 挡加速至要求车速 u_e 时，总耗油量 Q 最小，则车辆的油耗量表达式可写成：

$$Q = \sum_{n=1}^{i} \int_{0}^{t_n} \left(\frac{p_e b_e}{3600}\right)_n dt = \sum_{n=1}^{i} \int_{0}^{t_i} \left(\frac{Q_e}{3.6}\right)_n dt$$

$$= \sum_{n=1}^{i} \left[\int_{0}^{u_n} \left(\frac{Q_{e(n-1)} \delta_n G_a}{g(F_{t(n-1)} - F_{\varphi+\omega})}\right) du + \int_{u_n}^{u_{n+1}} \left(\frac{Q_{e(n+1)} \delta_{(n+1)} G_a}{g(F_{t(n+1)} - F_{\varphi+\omega})}\right) du \right]$$

(2-26)

其中，P_e 为发动机功率（kW），b_e 为燃油消耗率（g/(kW·h)），Q_e 为发动机小时油耗（kg/h），G_a 为车辆总重力（N），$F_{t(n-1)}$ 为 $n-1$ 挡时发动机牵引力，$F_{\varphi+\omega}$ 为道路阻力之和。求最小加速油耗，即对式（2-26）求极值 $\frac{dQ}{du}=0$，对于相邻两挡有：

$$\frac{d}{du}\left[\int_{u_{n-1}}^{u_n} \left(\frac{Q_{e(n-1)} \delta_{n-1} G_a}{g(F_t n - F_{\varphi+\omega})}\right) du + \int_{u_n}^{u_{n+1}} \left(\frac{Q_{e(n)} \delta_n G_a}{g(F_r n - F_{\varphi+\omega})}\right) du \right] =$$

$$\frac{d}{du}\left[\int_{u_{n-1}}^{u_n}\left(\frac{Q_{e(n-1)}\delta_{n-1}G_a}{g(F_{t(n-)}-F_{\phi+\omega})}\right)du - \int_{u_{n+1}}^{u_n}\left(\frac{Q_{e(n)}\delta_n G_a}{g(F_t n - F_{\phi+\omega})}\right)du\right] = 0$$

(2-27)

可写成：

$$Q_{e(n-1)}\delta_{(n-1)}(F_{tn}-F_{\phi+\omega}) = Q_{e(n)}\delta_n(F_{t(n-1)}-F_{\phi+\omega})$$

(2-28)

根据台架实验值，将发动机动态小时油耗 Q_e 由发动机转速或车速拟合：

$$Q_e = C_{eq} + B_{eq}n_e + A_{eq}n_e^2 = C_q + B_q u + A_q u^2 \quad (2\text{-}29)$$

其中，C_{eq}、B_{eq}、A_{eq}、C_q、B_q、A_q 为拟合系数。

联立式（2-28）（2-29），求解得出的 u 即保证车辆燃料消耗最低的相邻两挡的换挡点。按上述方法求解得到其他油门开度下换挡速度，最终形成经济性换挡规律曲线，如图2-17所示。

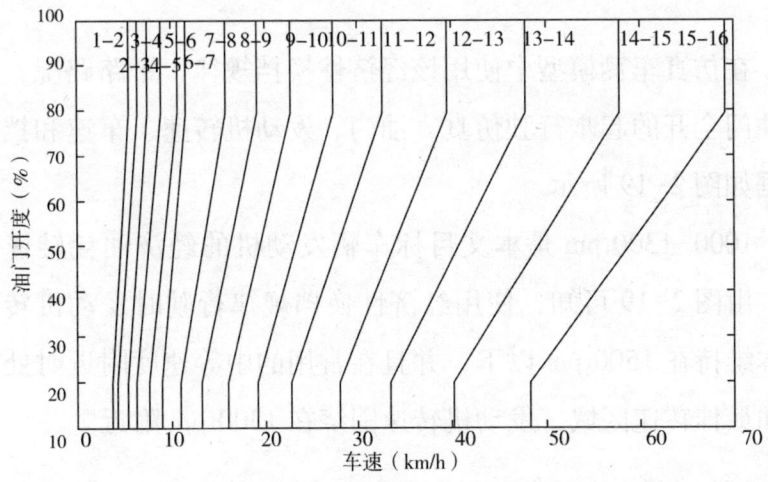

图 2-17 经济性升挡规律曲线

降挡规律的制定原则与动力性降挡规律相同，同时由于经济性换挡规律换挡线较动力性换挡线更为密集，为减少换挡循环，在低挡位延迟幅度适当减小，高挡位延迟幅度适当增大。

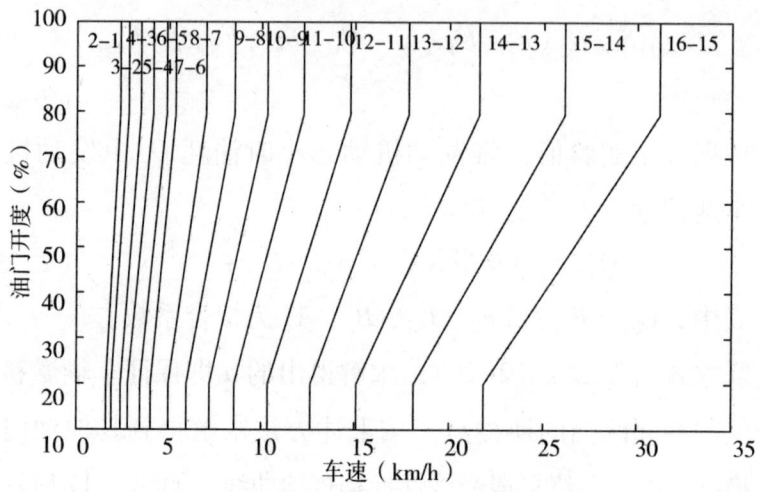

图 2-18　经济性降挡规律曲线

在仿真车辆模型中使用该经济性换挡规律，平路路况，进行油门全开的起步行驶仿真，油门、发动机转速、车速和挡位数据如图 2-19 所示。

1000-1300rpm 是本文目标车辆发动机的经济油耗转速区间。由图 2-19 可知，使用经济性换挡规律行驶时发动机转速基本维持在 1500rpm 以下，并且在常用的中等速度附近时处于燃油最佳转速区域，发动机转速围绕在 1300rpm 附近。

<<< 第2章 整车动力系统建模和基础换挡规律制定以及地理信息系统构建

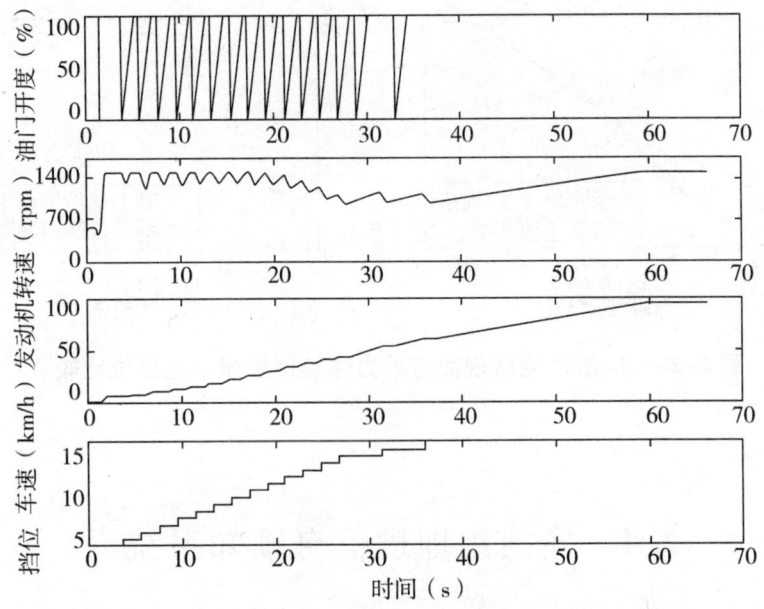

图 2-19 车辆采用经济性换挡规律仿真行驶数据

将两种换挡规律的仿真数据进行对比，其中车速、挡位比较如图 2-20 所示，车辆使用经济性换挡规律达到最高车速用时 61s，使用动力性换挡规律则用时 59s，因而后者加速性能较好；在挡位方面，经济性换挡规律在较低车速时即进行升挡，发动机工作于燃油经济性较好的较低转速区间的时间长于动力性换挡规律，因此经济性能好于动力性换挡规律。

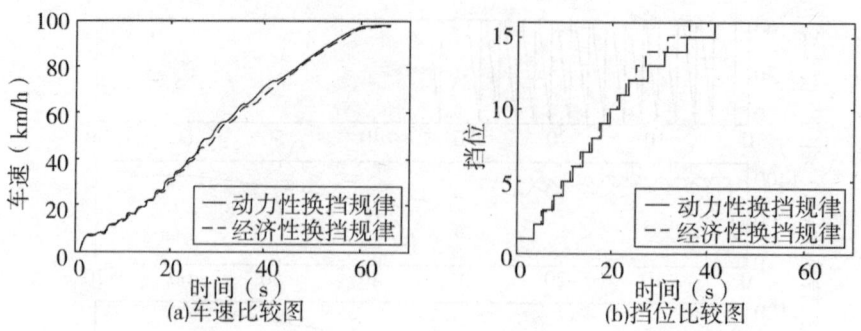

图 2-20 经济性换挡规律与动力性换挡规律车速挡位比较

2.4 换挡用地理信息预知系统

自动换挡策略依靠传感器或行驶参数识别法辨识车辆当前所处道路环境，因为不能如驾驶员一样预见车辆前方道路情况，常有违背驾驶人意图的换挡动作发生。将道路前方地理信息输送给换挡系统，可指导换挡动作使其符合驾驶人意图，也可以提高车辆燃油经济性能。目前，欧美等一些先进卡车公司已经将 GPS 道路信息应用于换挡系统，研究领域也做出较多研究。澳大利亚的哈米德·卡亚莫（Hamid Khayyam）[110]、瑞典的埃瑞克·赫尔斯特罗姆（Erik Hellström）[111,112]研究在车辆巡航控制中使用预见性道路信息帮助规划车速以达到节省燃油的目的。荷兰的 T. 霍夫曼等（T. Hofman et al.）[113]研究使用前方道路信息对并联混合动力汽车做预见性换挡控制。瑞典的阿萨德·阿拉姆（Assad Alam）[114]研究将预见性道路信息应用于重卡车队的自适应巡航和预见性巡航控制中以节省整个车队的燃油消耗。日本的河合雅夫（Masao Kawai）[115]研究利用预见性弯道信息对车辆弯道行驶速度和挡位进行控制。

GPS道路信息引入换挡系统与车载导航系统[116]（vehicle navigation system，VNS）结构和读取原理类似，也是由卫星定位技术、地理信息系统（geographical information system，GIS）和相应数据库技术等组成。导航系统以地图库为基础，使用GPS接收模块接收GPS信号用于定位，数据处理系统进行地图匹配、数据处理、计算路径规划等，以语音或视觉显示模块呈现规划和引导信息，其工作流程如图2-21所示。

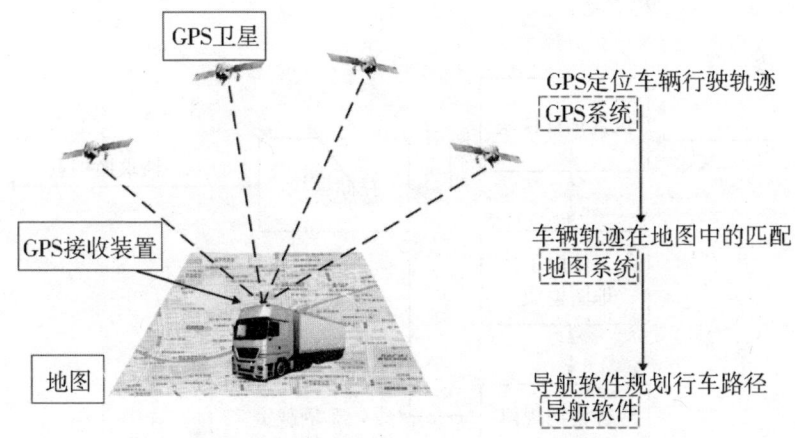

图2-21　GPS车载导航系统工作流程示意图

为换挡策略所使用的地理信息预知系统主要是由GPS接收模块、换挡用地图系统以及换挡控制软件构成，其基本结构如图 2-22 所示。

各组成模块功能可概括为[117]：位置估算模块确定车辆在道路上的当前位置，当 GPS 信息丢失时通常使用车速来确定车辆位置。三维电子地图模块实现车辆位置在地图中的匹配，为优化算法模块提供车辆前方预测区间内的地理信息。综合换挡规律优化算法模块进行预见距离内的换挡规律优化计算，计算结果储存于查表模块中，当车辆行驶完一预测区间后会触发新一轮优化计算。查表模块是优化得到的换挡规律的存储空间。优化算法模块得到最优换挡规律后，由于是针对车辆行驶前方预测区间所做的优化，优化结果并不会马上被输出，而是等待车辆行驶到优化所针对的区间位置时（由位置估算模块确定）才进行输出。

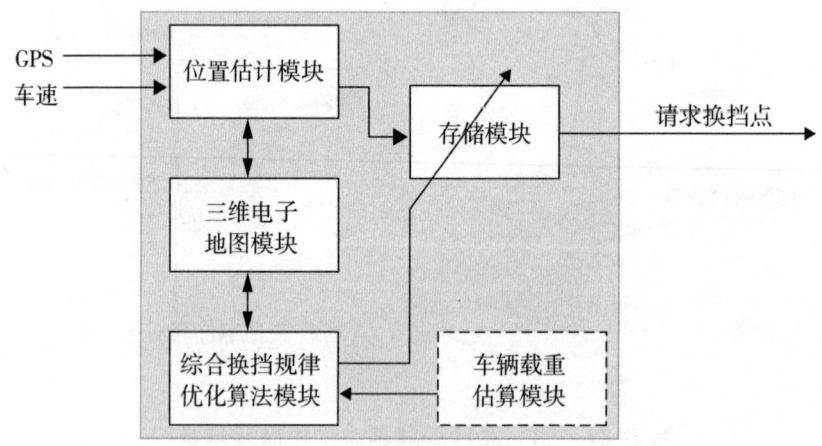

图 2-22 具有地理信息预知功能的换挡系统基本结构示意图

参考导航系统工作原理提出的换挡用道路信息提取机制，

换挡用地理信息系统与导航系统的主要区别是地理库内容和结构的不同以及系统对信息读取方式的差异[118]。以下主要是对换挡策略有较大影响的道路信息库内容以及地理信息预知系统与换挡系统的关系进行论述。

2.4.1 换挡策略用道路信息库需包含的内容

能够由 GPS/GIS 系统或相关技术提供，同时对换挡策略有较大影响的几种地理、交通信息包括：

（1）道路三维信息。地理信息库的第三维数据指道路的上、下坡度信息。坡道是自动变速车辆经常出现换挡问题的一种工况，卡车由于发动机后备功率低及自身的大载荷，尤其是容易出现坡道循环换挡的现象。车辆在坡道、平路行驶时因动力需求不同，与车辆的动力性能和经济性能相关的换挡规律模式的切换关系到车辆的动力表现和燃油消耗不同，因而坡度值是对换挡策略有重要影响的道路参数。

（2）道路形状与距离信息。此类信息能够帮助设计动态换挡策略，使换挡更加拟人化，更加符合驾驶人驾驶意图。主要包括弯道工况时的弯道半径、车辆当前位置距弯道入口距离，坡道工况时的坡道长度、车辆入坡距离、出坡距离等。

（3）路面附着系数。动力系统传递至车轮处的驱动力是决定车辆动力性能的一个主要因素。只有当轮胎与路面之间具有足够大的附着力时驱动能力才能体现，否则大的驱动力只会引起车轮在路面上急剧加速滑转[119-121]，而变速器的挡位设置关系到车轮处驱动力的大小。附着系数与道路等级及材质有关，也与天气有关（如降雨降雪）。地理信息库可记录道路等级及材质信息，从而提供路面附着系数信息。

（4）交通信息。交通信息对换挡有一定影响，如拥堵、缓行路况。但交通信息本身不能由 GPS 系统提供，建立于 GPS 基础上的一些导航和网络技术能够提供该类信息[122-124]。比如，目前百度、谷歌等网络公司在用户使用其导航功能时同时有交通流量信息的服务。此类信息对车辆换挡模式的规划有利，以拥堵路况下使用的蠕行模式为例：蠕行模式在拥堵路况下能够方便驾驶员迅速启停加速，而目前对蠕行工况的识别是通过车辆速度、油门等行驶特征进行判断，只有当车辆在该状态下行驶一段时间后才能做出识别，对道路前方是否继续维持该行驶模式则无法预测，如果车辆预知前方交通信息则可解决该类问题。

（5）交通信号、标志、限速信息。红绿灯、十字路口、限速标志等对换挡策略的实时规划有一定影响。

综上所述，为换挡策略服务的地理信息库中所包含的内容应该围绕换挡策略制定所涉及的参数进行选取，后期数据信息的提供方式也要符合换挡策略设计与实施步骤的要求。

2.4.2 地理信息预知系统与换挡系统关系

自动换挡策略受人、车、环境三种因素的影响，换挡系统引入 GPS 地理信息使其能够精确识别车辆行驶环境，并有助

<<< 第2章 整车动力系统建模和基础换挡规律制定以及地理信息系统构建

于人、车因素的识别。但 GPS 信号常有丢失情况，也会因偏僻地区地图缺失或不适配造成信息预知失效[125-128]，此时无法提供坡道以及其他路况信息，车辆须转为依靠自身行驶参数识别法或传感器识别法进行行驶环境识别，换挡模式也由地理信息预知挡位决策模式转为普通换挡决策模式。因此，具有地理信息预知功能的车辆也需具备普通自动变速器车辆的行驶环境识别功能，其挡位决策体系结构如图 2-23 所示。普通智能换挡策略在经济性/动力性基础换挡策略基础上，根据车辆载荷进行调整，然后在行驶过程中随时对行驶路况进行识别，识别后对换挡策略做出对应调整，同时驾驶人的驾驶意图会影响换挡策略的调整。预知性换挡策略则利用地理信息预知系统提供的坡道信息与载荷识别模块提供的载荷信息进行当前预见距离内的最优综合换挡规律优化，然后利用地理信息预知系统提供的诸如前方弯道、交通、道路附着系数等信息在最优综合换挡规律基础上进行调整，同时考虑驾驶人的驾驶意图以形成最终换挡目标，指导换挡执行系统进行换挡操作。当地理信息预知系统丢失信号时，挡位决策系统则进入利用车辆自身参数识别行驶环境的普通自动换挡模式。

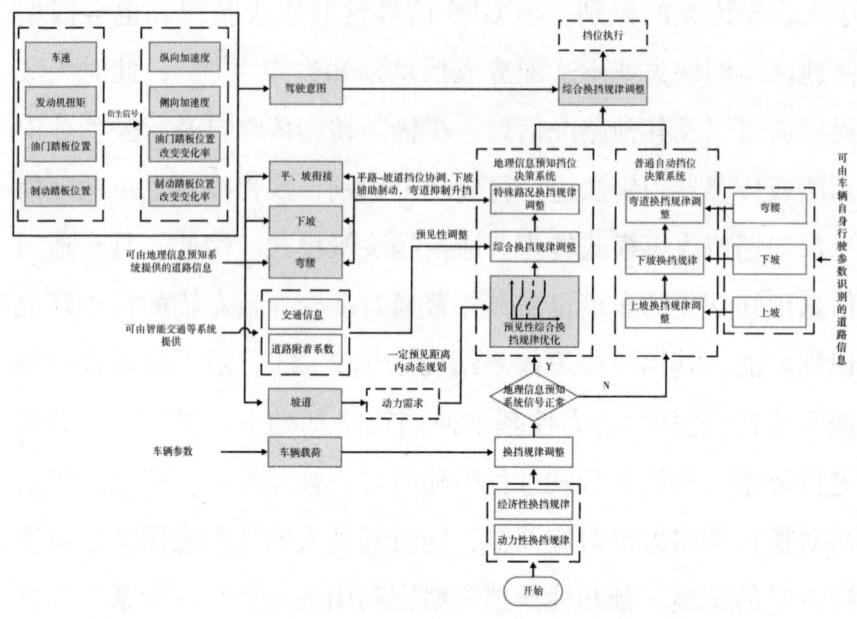

图 2-23　配置有地理信息预知系统的换挡系统结构图

小结

本章根据卡车动力系统传递过程分析，建立了可用于验证换挡策略的重卡仿真模型，设计了基于目标卡车参数的最佳经济性、动力性换挡规律，并研究了地理信息预知换挡策略所用地理信息系统应具备的内容与结构。主要研究结果如下：

（1）分析了 AMT 卡车动力传动原理，借助 Matlab 与 Trucksim 软件建立了自动换挡车辆模型，主要包括车辆动力系统模型和换挡逻辑模型,并验证了模型的可用性。

(2) 根据目标车辆发动机参数及相关车辆参数建立了针对目标车型的基本换挡规律,为后续多种换挡策略的设计提供初步依据。

(3) 提出预知性换挡策略对地理信息系统的使用要求以及配置有地理信息预知系统的换挡系统应具备的结构。

第 3 章

基于地理信息预知的综合换挡规律优化

卡车换挡策略要解决的重要问题是既要满足道路动力需求又要尽可能省油，而动力需求随行驶道路实时变化，如果车辆前方道路信息能够被引入换挡系统，则换挡系统可以实时掌握道路动力需求，从而做出合理的挡位规划。基于地理信息预知的换挡策略优越性可体现在车辆性能的提高和换挡表现的改善两个方面。车辆性能的提高主要表现在以换挡策略的优化提高卡车经济性能，同时保证足够的动力性；换挡表现的改善则体现在特定工况下的换挡动作表现如优秀驾驶员操作，减免某些虽符合普通自动换挡逻辑但违背驾驶员意图的换挡动作。以动态规划方法寻求最优综合换挡规律达到车辆动力需求与燃油经济性需求之间的平衡，主要解决第一类问题。第二类问题在动态规划求解得到的换挡规律基础上根据路况实时调整，此内容将在第四章中进行阐述。

3.1 预知性换挡策略在车辆燃油性方面的优点

降低车辆油耗一直是汽车发展追求的目标之一。D. 夏尔玛（D. Shar-ma）[129]分析了节省车辆燃油消耗方法的有效性，如图3-1所示，混合动力技术和发动机智能技术一直是车辆节省燃油消耗的有效途径，近几年基于车辆前方道路信息的预见性控制技术则为节省油耗提供新的开发潜能。

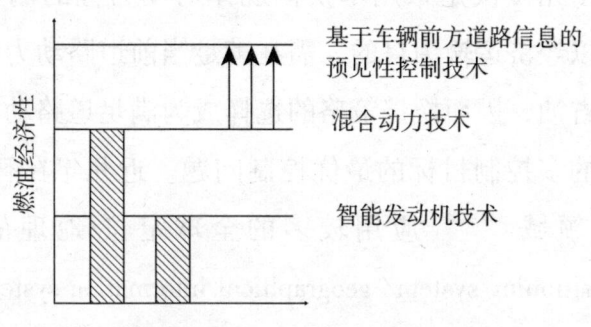

图 3-1　燃油节省能力比较图

车辆的换挡规律策略与燃油消耗情况密切相关。当卡车行驶于高速公路或上、下坡较少而坡度平缓的道路时，使用经济性换挡规律能够降低油耗。当坡道连绵起伏、坡度较大时，使用动力性换挡规律，车辆动力表现充沛，能够较快爬坡缩短行驶时间。我国国土面积辽阔，道路情况复杂多样，既有适合使用经济性换挡规律的典型平原路况，又有适合使用动力性换挡规律的山路路况，还有很多平、坡兼有的路况。目前车辆通常设计换挡规律模式选择手柄，由驾驶人根据路况对车辆的动力需求进行自主选择。这样由换挡规律所体现的动力、经济性能优劣就取决于驾驶人的模式选择恰当与否，而频繁切换换挡规律模式在实际驾驶中并不为驾驶员所接受。因此，换挡策略对经济性和动力性的侧重应交由换挡系统自动完成。对于换挡策略如何实现经济性与动力性之间的平衡，乘用车以驾驶风格为设计依据[130-133]。驾驶风格体现了驾驶员的动力需求，而乘用车发动机后备功率高，车辆设计较为重视驾驶人的驾驶体验，从驾驶风格角度决定乘用车换挡规律对动力性的侧重非常合理。卡车以经济运输为目的，需在满足当前道路动力需求前提下尽可能省油，因而换挡策略的选择成为满足道路动力需求与降低油耗的多控制目标的最优控制问题。近几年在智能交通、智能车辆领域[134-138]应用较多的全球定位/地理信息系统（global positioning system/ geographical information system，GPS/GIS）能够帮助提供车辆前方道路情况，从而估计道路动力需求，帮助换挡策略做出全新设计和优化。

3.2 基于动态规划的综合性换挡策略

驾驶行为可用"情境—认知—行为"（situation-cognition-action）反应链来模拟[139]。驾驶人通过眼睛观察道路情况，信息由大脑进行分析、判断、处理形成驾驶意图,通过驾驶人手脚操纵油门/制动踏板、方向盘等来调节车辆速度完成驾驶意图,该过程如图 3-2 所示。驾驶人对情境的认知即对前方路况的掌握,路况距离为适当远处即可,并不需要掌握非常远距离处的未来道路信息。

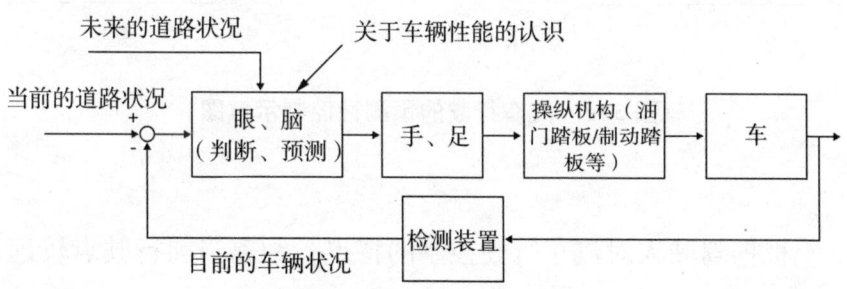

图 3-2　驾驶人对汽车的行驶控制

驾驶人这种"情境—认知—行为"的驾驶过程,适合以预见性控制模型进行描述。与驾驶人随行程推进目测获取道路前方一定距离路况信息一样,预见性控制将问题划分成若干区间,在每一区间内根据未来信息扰动规划预测控制方案。该方法如图 3-3 所示,当车辆位于 A 点时,在当前预见距离内根据预知的地理信息使用动态规划算法进行综合换挡最优化,以求解出的最优换挡点指导车辆换挡。车辆行进至 B 点时再进行一次位置识别与定位,将 B 点对应的预见区间内地理信息输送给车辆,进行下一区间的换挡策略规划。如此重复,直至驶完全程。

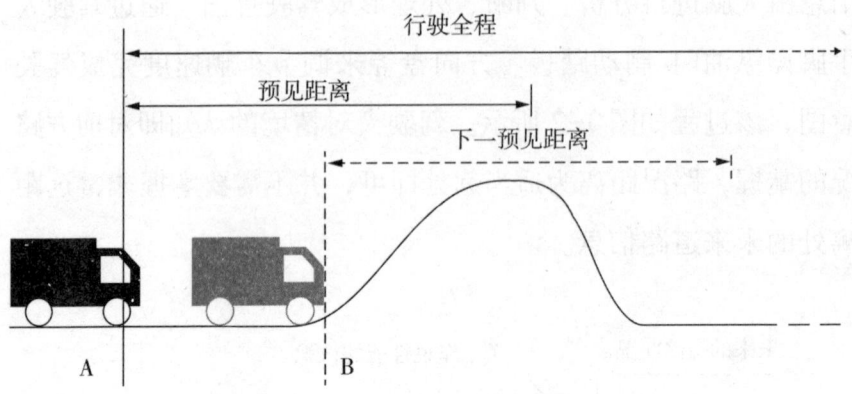

图 3-3 汽车行驶的预测性控制示意图

根据驾驶人对汽车行驶控制的特点,距离当前行驶点较远的道路参数对即将执行的换挡操作没有意义,而提取较远路段的参数会增加系统资源占用从而影响计算性能[140],因此只需以当前行驶位置为原点,将车辆行驶前方一段距离内的道路地理信息提供给换挡控制系统,然后随车辆行进逐次计算最优换挡策略。这种进程符合驾驶人的驾驶操作特点,是利用地理信息规划换挡策略的总体处理原则。而动态规划(dynamic programming)是研究分阶段进行决策,求解决策过程(Decision Process)最优化的数学方法[141]。对于地理信息预知应用于换挡策略中随行程推进逐次求解当前阶段最优解的模式,动态规划非常适合。

3.2.1 动态规划理论

动态规划由美国数学家理查德·贝尔曼（Richard bellman）等人于20世纪50年代提出，在各学科领域得到广泛应用。动态规划算法分为顺序与逆序两种。对于定常的最优控制问题，顺序算法比较方便，得出的全局优化解针对特定工况，不适合其他工况；而对于非定常的最优控制问题，适合使用逆序算法[142]。不确定行驶路线的换挡策略属于不定常问题，适合使用逆序算法。

动态规划的求解基于贝尔曼提出的最优化原理，可用如下事实进行描述。

对于离散时间动态系统，可表示：

$$x_{k+1}=f_k(x_k,y_k,w_k),\ k=0,1,\cdots,N-1 \quad (3-1)$$

其中，k为离散时间标号；x_k为系统状态，$x_k \in X_k$，总合了与未来优化有关的过去信息；y_k为系统控制变量，$y_k \in Y_k$，是在已知状态x_k情况下，在时刻k所选择的控制变量w_k为扰动信号，$w_k \in W_k$；N为时域或施加控制的次数。

代价函数在下述意义上具有相加性，即在每个时刻k，引起代价$j_k(x_k,y_k,w_k)$，而沿任意系统样本轨迹的总代价：

$$j_N(x_N)+\sum_{k=0}^{N-1}j_k(x_k,y_k,w_k) \quad (3-2)$$

其中$j_N(x_N)$为在过程结束时所产生的终端代价。

优化问题为当系统初始条件为x_0，系统的控制序列为Y，

$Y = \{y_0, y_1, \cdots y_{N-1}\}$，系统关于控制系统 Y 的代价函数：

$$J_Y(x_0) = j_N(x_N) + \sum_{K=0}^{N-1} j_k(x_k, y_k, (x_k)) \quad (3-3)$$

根据以上定义，最佳控制序列 Y^* 使得代价函数值最小为：

$$J^*(x_0) = \min J_{Y^*}(x_0) \quad (3-4)$$

使用动态规划方法求解代价函数最小值，即求解以下函数值：

$$J_k(xk) = \min_{u_k} \{j_k(x_k, y_k, w_k) + J_{k+1}(f_k)(x_k, y_k, w_k)\}$$
$$(3-5)$$

依次计算阶段 $k = N-1, N-2, \cdots, 0$，不断向初始阶段方向迭代计算，最终得到最小的代价函数：

$$J_0^*(x_0) = J_0(x_0) \quad (3-6)$$

可求出系统最优指标值和对应决策序列，即最优策略。

3.2.2 动态规划在换挡策略中的应用

3.2.2.1 系统建模

由于动态规划算法计算量大，其与被控对象的状态变量和控制变量的数目呈指数关系[143,144]，第二章已建立卡车动力学模型，此处根据动态规划算法需要将模型简化，仅保留对车辆经济、动力性能有重要影响的系统变量。

将离合器简化视为动力传输开关，不考虑其接合过程特性及能量损失。根据第二章动力传输推导，车辆加速度可用下式描述：

$$\frac{du}{dt}=\frac{r}{J_w+mr^2+J_e i_g^2 i_0^2 \eta_T}\left(T_e i_g i_o \eta_T-\left(\frac{1}{2}C_D A\rho u^2+mgf+mfi\right)\right)$$

(3-7)

汽车燃油特性常用的评价指标是等速行驶百公里燃油消耗量和特定工况燃油消耗量[145]。此处特定工况燃油消耗量适合本书优化指标的构建。一定时间内车辆的燃油消耗量可由单位小时内的燃油消耗量对时间积分计算。而小时油耗作为发动机的燃油特性在第二章中已做过论述，并通过台架实验测量获取，可表示为油门和发动机转速或车速的函数：

$$Q_i = f_{Q1}(a, n_e) = f_{Q2}(a, u) \quad (3-8)$$

3.2.2.2 确定控制变量和状态变量及其约束

状态变量为 $x(k)$ 时，则有：

$$x(k) = [g(k), u(k)]^T \quad (3-9)$$

其中 $g(k)$ 为第 k 阶段的挡位值，$u(k)$ 为第 k 阶段的车速。两者都受到一定的约束，$g(k)$ 受限于车辆的挡位数量，并且在当前挡位是最低挡位时不能继续降挡，因而下一挡位不能小于当前值；在当前挡位是最高挡位时不能继续升挡，因而下一挡位不能高于当前值；当前挡位非最高或最低挡位时，则允许降挡、升挡或维持原位。设当前挡位为 $g(k)$，将要换入的挡位为 $g(k+1)$，挡位状态约束可表示：

$$g(k+1) \in \begin{cases} (1, 2) & g_k = 1 \\ (15, 16) & g_k = 16 \\ (g_{k-1}, g_k, g_{k+1}) & \end{cases} \quad (3-10)$$

车速 $u(k)$ 应在车辆设计可达最高速范围内（本书目标车辆最高车速100km/h），即 $0 \leq u \leq u_{max}$，其中 $u_{max} = 100$km/h。另外，车速与当前所处挡位有关，即 $u_{g,max} \leq u \leq u_{g,max}$，其中 $u_{g,min}$ 为当前挡位下的最低车速，$u_{g,max}$ 为当前挡位下的最高车速。

控制变量为挡位 $u_g(k)$，为第 k 阶段的挡位决策。如果规定不能跨越换挡，则其取值范围为 $\{-1, 0, +1\}$。而控制变量同时受当前挡位状态的约束，与挡位约束原理一样，当前是最高挡位则不可继续升挡，当前是最低挡位则不可继续降挡，该约束表示：

$$u_g(k+1) \in \begin{cases} (0, 1) & g_k = 1 \\ (-1, 0) & g_k = 16 \\ (-1, 0, 1) \end{cases} \qquad (3-11)$$

3.2.2.3 优化指标

根据动态规划算法需要，首先将与车辆动力性能和经济性能相关的模型由时间参数转化为位置参数。如果行驶距离为 s，车辆行驶完该行程所用时间为 t，则函数 $f(s(t))$ 可做以下推导：

$$\frac{df}{dt} = \frac{df}{ds}\frac{ds}{dt} = \frac{df}{ds}u \qquad (3-12)$$

优化指标需能体现车辆动力性能和经济性能。车辆的动力性能主要由三方面指标评定，最高车速、加速时间和最大爬坡度[140]。这三个指标都不适合在动态规划中应用，但根据加速时间指标推断车辆行驶完一定距离所用的时间越短则车辆动力性能越好，因此可将车辆运行时间作为动力性优化指标。对于一段起点为 s_0 终点为 s_f，总距离为 s 的行程，车辆行驶所需时间：

$$T=\int_{s_0}^{s_f}\frac{dt}{ds}ds=\int_{s_0}^{s_f}\frac{ds}{u} \tag{3-13}$$

该行程内所消耗的燃油量：

$$Q=\int_{s_0}^{s_f}\frac{1}{u}Q_i ds \tag{3-14}$$

则优化指标：

$$I=\lambda_d T+D_e Q \tag{3-15}$$

其中，λ_d、λ_e 分别为动力性和经济性平衡考核权重，λ_d、$\lambda_e \in [0,1]$，且 $\lambda_d+\lambda_e=1$。T，Q 量纲不同，进行归一化处理。

动态规划算法需将优化指标离散化。将预测距离划分为 N 段，每段长度 h（m），则车辆行驶时间和油耗量：

$$T_k=\int_{kh}^{(k+1)h}\frac{ds}{u},\ Q_k=\int_{kh}^{(k+1)h}\frac{1}{u}Q_i ds, \tag{3-16}$$

则优化指标表示：

$$J=j_N+\sum_{k=0}^{N-1}j_k(\lambda_d T_k+\lambda_e Q_k),\ k=0,1,2,\cdots,N-1 \tag{3-17}$$

其中 j_N 是最终第 N 阶段的成本函数值，j_k 是运算过程中每个阶段的成本函数值。

在一定油门下，动态规划方法使用如图 3-4 所示步骤寻求最佳换挡点。

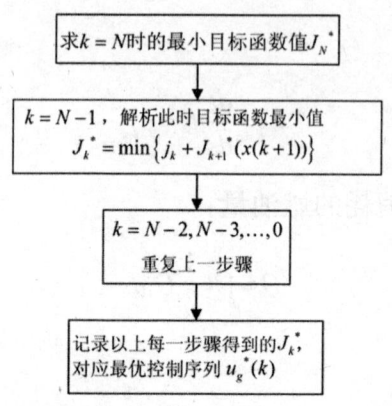

图 3-4　使用动态规划方法求解换挡点流程图

当寻找到最优控制序列后，依次找到对应车速即该油门开度下最佳换挡点。

3.3　仿真验证与权重系数的确定

3.3.1　仿真油耗模型搭建

对最优换挡规律使用第二章所建模型进行仿真实验。燃油性能是评价换挡策略优劣的一项指标，由于 Trucksim 中没有专门的油耗特性显示模块，本文在联合仿真的 Simulink 中建立油耗计算模块，如图 3-5 所示。按照一定时间内油耗量的计算方法，将发动机油耗特性数据制成二维表，由仿真车辆运行过程中发动机转速、扭矩或油门信号查表得到发动机油耗指标，根据行驶时间积分得到燃油消耗量：

$$Q = \int_0^t Q_i(\omega_e, a_e) \, dt \qquad (3-18)$$

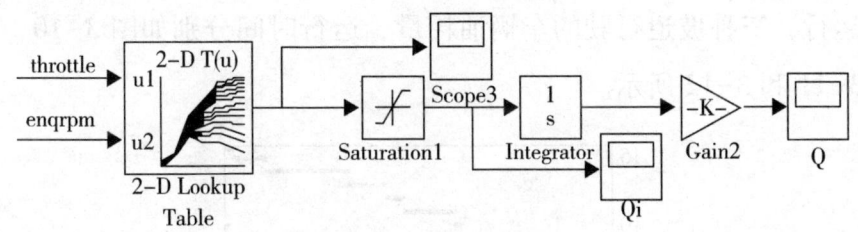

图 3-5 油耗计算模块

3.3.2 不同权重值的仿真比较

按我国道路设计规范规定，普通公路最大坡度为 10%[146]。由于道路坡度不同时对于车辆的动力需求不同，仿真选取 3%、5%、10% 三种坡度路况（长 1500m）对权重值进行分析。以 5% 坡度为例，空载车辆在 100% 油门开度下，以动力性权重取最大值和经济性权重取最大值规划所得换挡规律分别如图 3-6、3-7 所示。仿真行驶的挡位、车速和燃油消耗数据分别如图 3-8、3-9 所示。由仿真结果可知，当经济性权重最大时，行程耗时 111.4s，油耗量为 1.33kg，车辆最终以 16 挡行驶；当动力性权重取最大值时，行程耗时 103.131s，油耗量为 1.55kg，车辆最终维持 15 挡爬坡。较低挡位爬坡能够提供较大的牵引力，因此从挡位表现来看动力性权重值大时车辆动力性能更好。如果以行驶完全程所用时间描述动力性能，则动力权重值大时车辆运行时间短，但油耗量高。

　　针对 3%、5% 和 10% 坡度，依次设置权重值为 λ_d、0.9、0.8、0.7、0.6、0.4、0.2、0，仿真模型以规划所得换挡规律运行，三种坡道行驶的车辆油耗量、运行时间分别如图 3-10、3-11 和 3-12 所示。

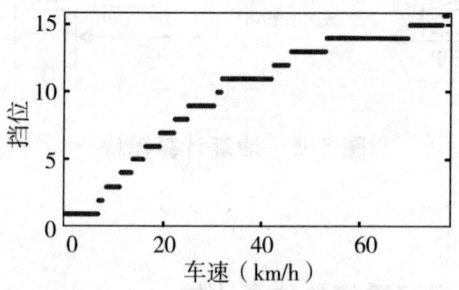

图 3-6　权重 $\lambda_d=1$，$\lambda_e=0$ 规划所得换挡规律

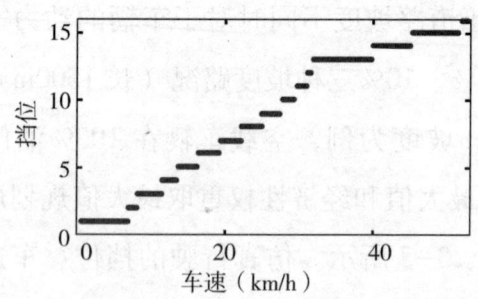

图 3-7　权重 $\lambda_d=0$，$\lambda_e=1$ 规划所得换挡规律

第 3 章 基于地理信息预知的综合换挡规律优化

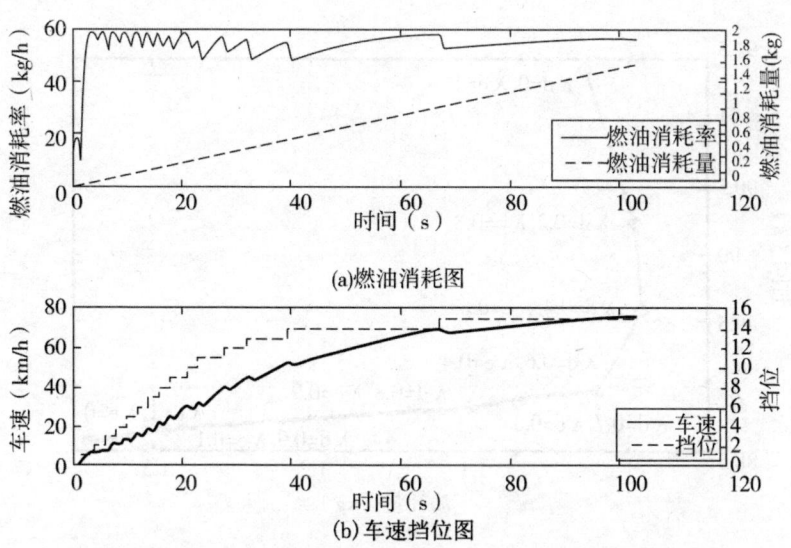

图 3-8 使用 $\lambda_d=1$,$\lambda_e=0$ 换挡规律的仿真行驶数据

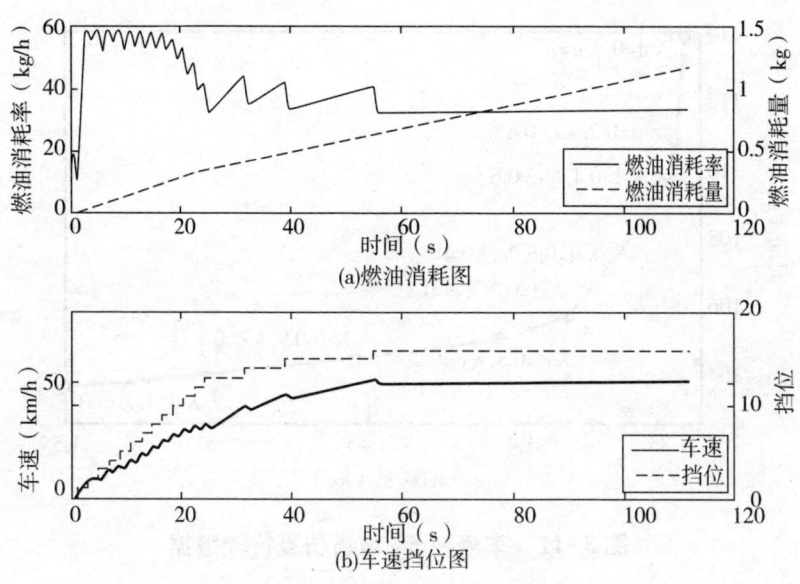

图 3-9 使用 $\lambda_d=0$,$\lambda_e=0$ 换挡规律的仿真行驶数据

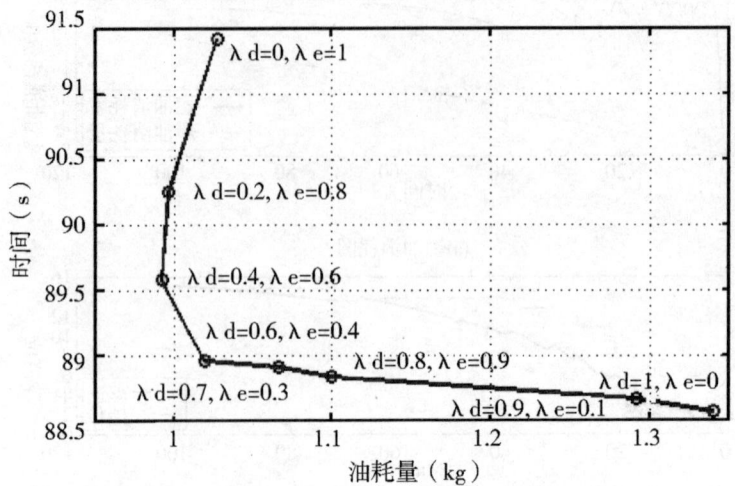

图 3-10 车辆在 3% 坡道仿真行驶数据

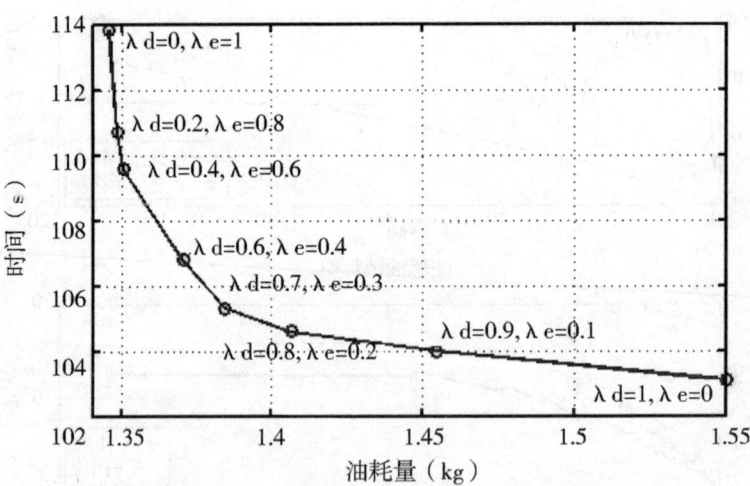

图 3-11 车辆在 5% 坡道仿真行驶数据

<<< 第 3 章　基于地理信息预知的综合换挡规律优化

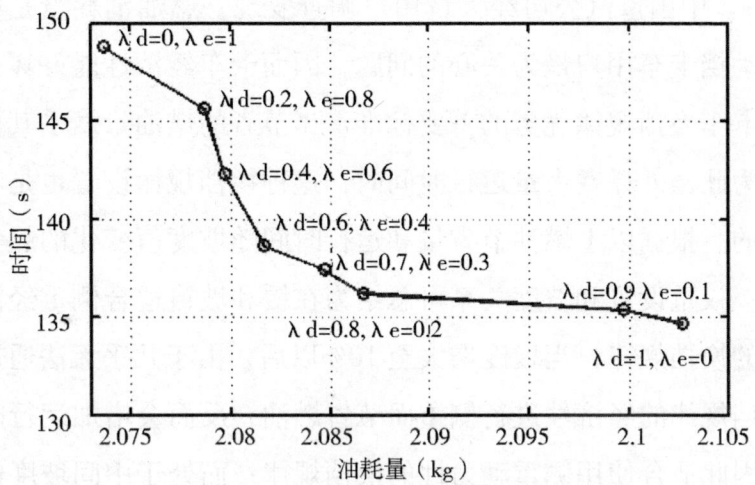

图 3-12　车辆在 10%坡道仿真行驶数据

令 f_1 代表经济性权重取最大值（$\lambda_d=0$，$\lambda_e=1$）时车辆的油耗量，t_1 为该权重下的车辆行驶完全程的运行时间；f_2 代表经济性权重取最小值（$\lambda_d=1$，$\lambda_e=0$）时车辆的油耗量，t_2 为该权重下的运行时间，设 $ff=f_2-f_1$，$tt=t_1-t_2$。将三种坡度下的 ff、tt 以柱状图显示如图 3-13 所示。随坡度值增大，侧重经济性权重的换挡规律所带来的燃油节省量大幅减小。3%坡度时，油耗节省 0.31kg；5%坡度时，油耗节省量比 3%坡度时低，只有 0.22kg；当坡度增至 10%时，经济性权重最大的换挡规律与动力性权重最大的换挡规律的油耗量几乎相同，相差仅 0.02kg。与此同时，随着坡度增大，对经济性能的侧重引发了行驶时间的增加。3%坡度时，运行时间增加 2.85s；5%坡度时，运行时间增加 10.75s；当坡度增至 10%时，运行时间增加 14s。中国重汽公司经大量用户调查发现，燃油消耗量是中国自动挡卡车用户最为关心的问题，因而卡车经济性能好坏是评价卡车换挡规律优劣的首要标准。当节省的燃油量微乎其微却要为此额外耗费大量运行时间时，这种换挡规律设置也是不合理的。根据以上燃油节省量和运行时间随坡度值变化的趋势分析，权重设置和坡度关系可总结为在缓和坡道适合侧重经济性能的换挡规律；当坡度增大至10%以后，由于几乎无法通过对换挡规律的经济性进行侧重而节省燃油，反而会增加运行时间，因此适合使用侧重动力性的换挡规律；而处于中间坡度值的路况适合以油耗量和运行时间进行综合评价决定权重系数最佳取值。

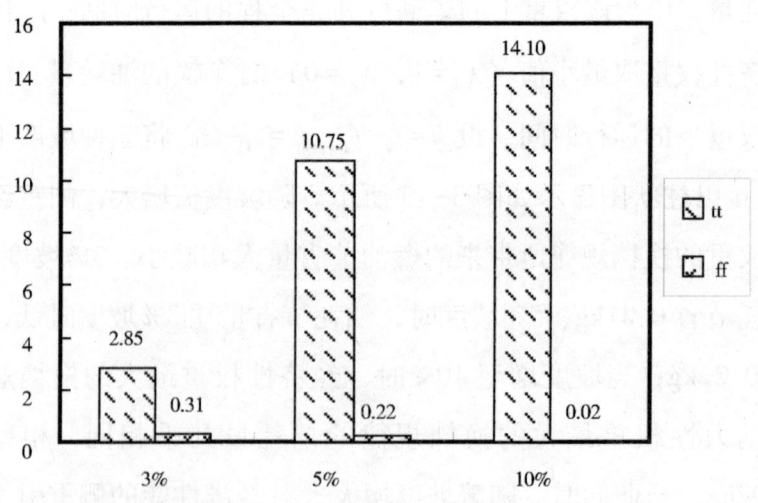

图 3-13　三种坡道下 tt 和 ff 值比较

为描述车辆经济性和动力性受权重值改变的影响,将仿真所得车辆的运行时间和油耗量进行归一化处理,设 $j_n = m_n + t_n$,其中 m_n、t_n 分别为归一化后的油耗量和运行时间。当 j_n 值最小时对应的权重值即考虑油耗量和运行时间两个评价标准的最佳权重值。三种坡度下的仿真运行数据归一化处理后如表3-1、3-2、3-3所示。

表3-1 坡度3%时运行时间和油耗量归一化

λ_d, λ_e 项目	1, 0	0.9, 0.1	0.8, 0.2	0.7, 0.3	0.6, 0.4	0.4, 0.6	0.2, 0.8	0, 1
t_n	0	0.034	0.095	0.121	0.137	0.354	0.592	1
m_n	1	0.858	0.310	0.213	0.078	0	0.011	0.101
j_n	1	0.892	0.405	0.334	0.215*	0.354	0.603	1.101

*最小值

表3-2 坡度5%时运行时间和油耗量归一化

λ_d, λ_e 项目	1, 0	0.9, 0.1	0.8, 0.2	0.7, 0.3	0.6, 0.4	0.4, 0.6	0.2, 0.8	0, 1
tn	0	0.119	0.180	0.195	0.281	0.541	0.776	1
mn	1	0.407	0.243	0.154	0.108	0.029	0.017	0
jn	1	0.526	0.423	0.349*	0.389	0.570	0.793	1

*最小值

表 3-3　坡度 10%时运行时间和油耗量归一化

λ_d, λ_e 项目	1, 0	0.9, 0.1	0.8, 0.2	0.7, 0.3	0.6, 0.4	0.4, 0.6	0.2, 0.8	0, 1
t_n	0	0.084	0.140	0.205	0.344	0.605	0.707	1
m_n	1	0.864	0.545	0.5	0.364	0.273	0.227	0
j_n	1	0.948	0.685*	0.705	0.708	0.878	0.934	1

*最小值

如果以油耗量、运行时间作为评价指标，在 3%坡度时，$\lambda_d=0.6$，$\lambda_e=0.4$ 的运行时间与油耗量综合最低；在 5%坡度时，$\lambda_d=0.7$，$\lambda_e=0.3$ 为最佳权重；在 10%坡度时，$\lambda_d=0.8$，$\lambda_e=0.2$ 为最佳权重。但是根据上文对不同坡度与权重选值的整体评价，3%坡度时适合单独选择油耗量作为评价标准，则 $\lambda_d=0.4$，$\lambda_e=0.6$ 是使车辆经济性最好的权重。而在 10%及以上坡度，可只关注车辆动力性，从而选择 $\lambda_d=1$，$\lambda_e=0$ 进行换挡规律规划。

在 3%坡度中，油耗量最低时的权重不是 $\lambda_e=1$ 而是 $\lambda_e=0.6$。这是因为对于既定距离的行程，消耗燃油量的多少既与车辆燃油消耗率有关，又和跑完全程所需时间有关。动力性良好的车辆加速至指定车速所需时间短，因此燃油消耗与动力性之间并不是绝对的此消彼长关系。经济性和动力性权重指数在一定区间内变化时，既定行程内的车辆运行时间会随着燃油消耗量的减少而降低，超出该区间后才呈现此消彼长的趋势[147]。该区间与油门开度、权重取值以及所行驶坡度值都有关，在本书5%和10%坡道实验中并未找到比$\lambda_e=1$油耗量更低的权重值。因此，不同坡度所对应的最佳权重取值需要将权重值细化，并做大量仿真实验进行对比查找。

小结

本章在地理信息预知前提下，以动态规划方法求取既能满足道路动力需求又最为节省燃油消耗的换挡规律。主要研究结果如下：

（1）进行了基于地理预知的换挡策略设计。将车辆行驶方向前方一段距离内的地理信息提供给换挡控制系统，使用动态规划方法进行当前地理环境下的最优综合性换挡策略求解。为了将动力性和经济性统一于优化指标中，将其分别赋予权重组成综合优化指标。

（2）在仿真验证中以坡度值3%、5%、10%三种坡度工况进行最佳权重系数取值分析。根据仿真运行数据，针对不同坡度形成不同评价标准，确定不同工况下的最佳权重取值。

第 4 章

特殊行驶环境下的预知性动态换挡策略

本章利用预知的地理信息设计换挡策略来提高车辆换挡表现。传统换挡规律包括近几年研究较多的智能换挡策略，此策略存在一些不足，如在坡道行驶时，由于不清楚车辆前方即将驶入路况，会出现即将入坡仍然升挡、到达坡顶仍然降挡的情况；弯道工况由于只能在车辆行驶于弯道中时才能做出识别，对换挡策略实施存在滞后。此类问题存在原因之一是识别滞后，即智能换挡策略中不外加传感器或使用传感器的识别方法，只有在车辆"行驶于该路况中"才能做出判断，从而落后于某些换挡策略的实施要求。另一种原因是换挡策略采用的参数只能部分表征车辆行驶状态以及驾驶人的操纵意愿，由于自动换挡控制系统不具备如人眼一样的"看见"功能，而从油门踏板、制动踏板、方向盘推断出的驾驶意图与驾驶人实际意图往往存在偏差。如果能将车辆行驶前方道路状况提供给换挡控制系统，则自动换挡系统可以像驾驶人一样"看见"未来路况，从而做出真正智能化的换挡规划。

影响换挡策略的因素众多，包括驾驶者、车辆、行驶路形、道路地表附着条件、交通状态等多个方面。一辆自动换挡车辆的换挡策略从设计到商品车成型，在设计阶段需要根据常见工况以及预测的可能会遇到的情况来制定对应换挡策略，在车辆出厂前需针对对应工况进行测试并上路实验，出厂后仍需要通过用户使用反馈进行反复修改以及大量跑车测试才能逐渐成熟，因此一套良好的换挡策略是随使用工况逐渐积累的过程。基于本书篇幅与研究精力所限，本书仅针对地理信息预知对换挡策略影响较大的几类工况进行研究。

4.1 弯道动态换挡策略

使用普通换挡规律（策略）的 AMT 车辆在过弯道时，由于行驶速度、驾驶者操作与路况耦合，易出现非驾驶意图的换挡[148]。意外换挡令驾驶者正常驾驶经验失效，如果此时车速较高、路况复杂，会比较危险。此外，手动挡车辆过弯道时，根据行驶情况驾驶员可以提前或越级降挡，能够迅速进入低挡区行驶并减少换挡步骤；而自动驾驶车辆如果依据平路换挡规律，只能按降挡速度逐级降挡，对行驶路况不能做出灵活反应。因此，AMT 车辆过弯时的换挡策略需要与平路上使用的换挡规律做区别研究。

换挡本质是汽车纵向速度控制在挡位上的协调，而弯道换挡还涉及车辆的横向控制问题。如何利用纵向速度控制保证横向通过的安全性与舒适性，是弯道换挡策略制定的关键，以往弯道换挡研究以避免意外换挡为目标。奥立弗（Oliver）[149]认为合理的弯道行驶策略应根据弯道的缓急程度决定是否换挡，但没有对缓急的界定做出阐述。刘海波[52]基于弯道缓急程度设置门限值，在区间内禁止换挡，退出区间则进入正常行驶状态，能够解决意外升挡状况。王玉海[51]将弯道行驶环境等识别为减速或停车意图。对于换挡点的修正，申水文[65]使用模糊推理技术，刘振军[72]将神经网络与模糊逻辑相结合，从而加快规则的建立并缩短挡位调整时间。

4.1.1 弯道动力学分析

弯道行驶时，汽车的转向稳定性是车辆安全的首要保障。汽车转向操作特性可以用不足转向、中性转向和过度转向进行有效评价，而不足转向梯度（understeer gradient）是这三种转向特性的重要定义手段。根据图4-1线性单轨车辆模型能够推导汽车过弯时平面转向运动的基本特性[150]。

图4-1中各符号含义分别为 δ_f 为前轮转向角（°）；β 为质心侧偏角（°）；γ 为横摆角速度（rad/s）；α_f、α_r 分别为前后轮胎侧偏角（°）；l 为汽车前后轴间距（m），l_f、l_r 分别为质心到前后轴的距离（m）；F_{y1}、F_{y2} 为汽车前、后轴侧向力（N）。

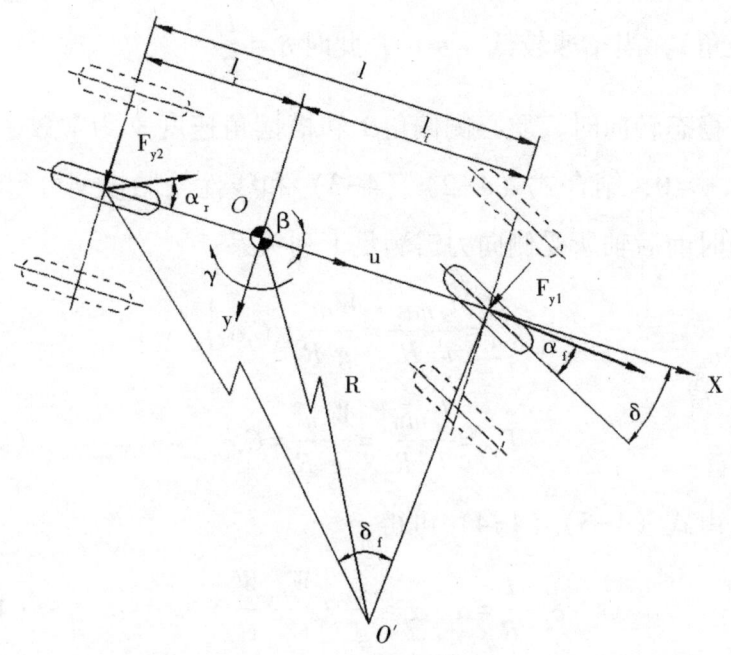

图 4-1 单轨车辆模型

汽车在车速为 u，前轮转向角为 δ_f 工况下稳态转向时，其前后轮胎侧偏角可近似表示：

$$\alpha_f = \delta_f - \beta - \frac{l_f \gamma}{u} = \delta_f - \beta - \frac{l_f}{R} \tag{4-1}$$

$$\alpha_r = \frac{l_r \gamma}{u} - \beta = \frac{l_r}{R} - \beta \tag{4-2}$$

其中，R 为转向半径（m）。联立式（4-1）（4-2）得：

$$\delta_f = \frac{1}{R} = \alpha_f - \alpha_f \tag{4-3}$$

其中，δ_f 可理解为高速大转向时的 Ackerman 转向角（阿克曼角），当车速较低 $\alpha_f \approx \alpha_r$，此时 $\delta_f = \dfrac{l}{R}$。

稳态转向时，质心侧偏角 β 和横摆角速度 γ 为常数，有 $\dot{\beta}=0$，$\dot{\gamma}=0$，结合式（4-2）（4-3）和线性轮胎模型可得稳态转向时前后轴所受侧向力需满足下列关系：

$$\left. \begin{aligned} F_{y1} &= \frac{l_r\, m u^2}{l\, R} = \frac{W_f u^2}{g R} = C_f \alpha_f \\ F_{y2} &= \frac{l_f\, m u^2}{l\, R} = \frac{W_r u^2}{g R} = C_r \alpha_r \end{aligned} \right\} \qquad (4\text{-}4)$$

由式（4-3）（4-4）可得：

$$\delta_f - \frac{l}{R} = \alpha_f - \alpha_r = \frac{1}{g}\left(\frac{W_f}{C_f} - \frac{W_r}{C_r}\right) a_y \qquad (4\text{-}5)$$

其中，a_y 为稳态转向时的侧向加速度（m/s²），$a_y = \dfrac{u^2}{R}$。

根据不足转向梯度定义[151]：

$$K = \frac{d}{da_y}(\alpha_f - \alpha_r) = \frac{d}{da_y}\left(\delta_f - \frac{l}{R}\right) \qquad (4\text{-}6)$$

等圆周操作时，$d(l/R)/da_y = 0$，结合式（4-5）得：

$$K = \left(\frac{W_f}{C_f} - \frac{W_r}{C_r}\right) \qquad (4\text{-}7)$$

其中，K 为不足转向梯度；C_f、C_r 分别为前、后轮胎的侧偏刚度（N/rad）；W_f、W_r 分别为前、后轴上的载荷（N）。

不足转向梯度 K 又称为稳定性因数，是表征汽车稳态响应的一个重要参数。根据 K 的数值，汽车稳态响应分为三类：

$K=0$，汽车具有中性转向特性，即做等圆周转向时，前轮转向角不受车速变化的影响；$K>0$，汽车具有不足转向特性，即做等圆周转向时，随着车速的增加，需要增加前轮转向角才能使转向半径保持不变；$K<0$，汽车具有过度转向特性，即做等圆周转向时，随着车速的增加，需要减小前轮转向角才能使转向半径保持不变。

目前汽车一般具有适当的不足转向特性，K值由车辆结构特性决定。但以上推导是在一定车速下进行的，当侧向加速度增大，轮胎侧偏特性进入非线性区域时，汽车转向特性将发生改变[152]。帕采卡（Pacejka）提出基于线性单轨车辆模型的操纵图分析方法[153]，给出了轮胎转向角、汽车的转向半径、车速和侧向加速度相互间的关系，如图4-2所示。

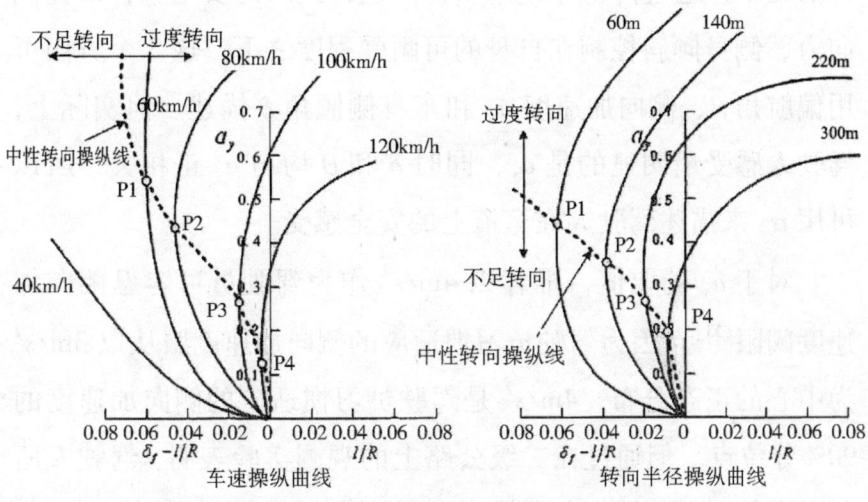

图4-2 不同车速和不同转向半径对应的操纵曲线

将图 4-2 中不同的定车速或定转向半径对应的中性转向工作点连接在一起组成中性转向操纵线（如图中 P1—P4 虚线所示），该曲线把 $(\delta_f - 1)/R - a_y$ 平面区域分为不足转向与过度转向两部分。对于正常行驶状态的车辆，超过虚线的过度转向即危险状态。在弯道半径既定时，根据图 4-2 中转向特性的区分，能够求出车辆安全过弯临界侧向加速度 a_{ys}。本文将 a_{ys} 作为弯道换挡的安全阈值，当车辆由中性转向进入过度转向区域时，侧向加速度濒临 a_{ys}，自动换挡系统应该结合驾驶者的减速操作迅速降挡，以维持车辆安全状态。

4.1.2 驾驶者因素分析

驾驶人弯道速度选择行为的本质是在保证行驶方向不失控的前提下，通过降低车速来获得弯道行驶时的安全感，即让侧向力、侧身倾斜控制在自身的可耐受程度之下。这 3 个方面可用偏航角 β、侧向加速度 a_y 和车身侧倾角 δ 描述。但实际上，驾驶人感受最明显的是 a_y，同时 δ 和 β 均与 a_y 正相关，所以可用 a_y 来描述驾驶人在弯道上的安全感受。

对于 a_y 的取值，推荐以 $4m/s^2$ 作为驾驶员可容忍侧向加速度阈限[53]。因为驾驶员习惯适应的侧向加速度服从以 $3m/s^2$ 为中心的正态分布，$4m/s^2$ 是驾驶员习惯适应的侧向加速度的 90%分位点。但通过在二级公路上的观测实验表明，驾驶人所能承受的 a_{ypot} 不是一个常数值，而是随弯道半径 R 变化而变化的[154]。由于侧向加速度不易直接测量，根据弯道时汽车的速度、弯道曲率与侧向加速度之间的关系,当弯道曲率确定时,可以通过观测车辆弯道行驶速度得到车辆侧向加速度。

本书在高速公路、国道、省道上针对不同曲率的弯道,通过车辆行驶速度观测,得到该类路况下的车辆侧向加速度。实验使用 bushnell(博士能)手持雷达测速仪(测速精度:+/-2km/h;测速范围:车类,10~321km/h;有效测速距离:456m)在威青高速公路,国道 G309,省道 S303、S204 道路上选取一定弯道进行行驶车辆的车速观测。测量时选取弯道中部位置,为不干扰被观测车辆,离开道路一定距离(测速仪有效观测范围内)测速。实验所用仪器和观测实验如图 4-3 所示。

图 4-3　道路实验所用仪器及观测

将所得观测数据使用最小二乘法进行拟合,得到弯道半径与车辆侧向加速度之间的关系,如式(4-8)所示,观测数据与拟合曲线如图 4-4 所示。

$$a_y = -4.585\times10^{-8}R^3 + 5.6235\times10^{-5}R^2 - 0.0238R + 4.5947$$

(4-8)

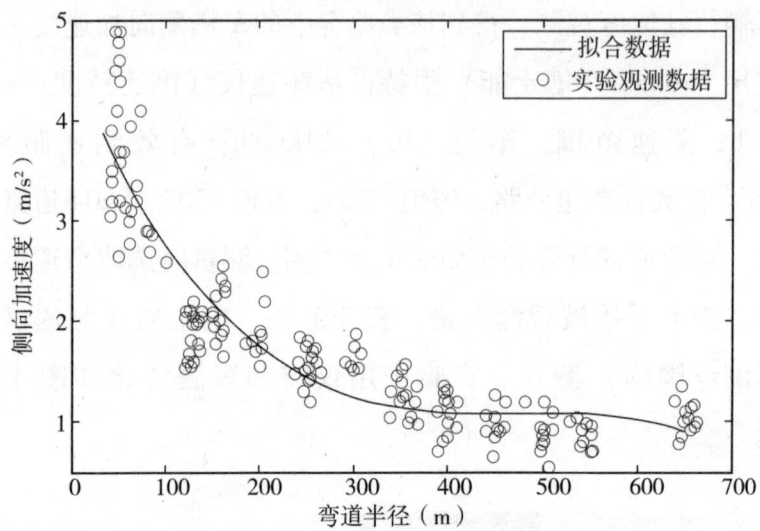

图 4-4　观测所得车辆侧向加速度散点图与最小二乘拟合曲线

通过观察发现，在车速较高的高速公路上，即使弯道半径很大、侧向加速度很小的情况下，驾驶员也常有刹车动作；而普通国道或省道弯道半径较小时，驾驶员则能够忍受较大的侧向加速度。因此，对于"可容忍侧向加速度随弯道半径变化而变化"的结论是正确的[154]。

正常过弯行驶时，驾驶者总会将车辆实际侧向加速度控制在可容忍侧向加速度 a_{ypot} 之内。其生理解释是当侧向加速度过高时，驾驶人会潜意识地觉察到车辆处于不安全状态有失控可能，为避免发生危险，驾驶人会基于生理本能来降低车速[154]，因此观测到的 a_y 值与可容忍 a_{ypot} 存在如下关系：

$$a_y = k_w a_{ypot} \quad (0 < k \leq 1) \tag{4-9}$$

k_w 为一常数，随驾驶员不同而不同，其值大小取决于驾驶人的驾驶风格，一些运动型驾驶者会以几近生理极限的速度过弯（较大 k_w 值），谨慎型驾驶者则会留出较大的安全余量从而以较低车速行驶过弯（较小 k_w 值）。

4.1.3 弯道 AMT 控制方法

首先分析车辆过弯行驶过程并进行动力学建模。驾驶员操纵汽车过弯大约分为以下几个过程：

（1）直线路段。该阶段是过弯前的衔接过程，车辆保持直道行驶模式，可用如下模型表示：

$$u_{w,1} = u_{w,m} f_{act} \tag{4-10}$$

其中，u_m 为该路段所经过车辆的平均车速（m/s）；f_{act} 为驾驶员因数，表示驾驶员速度选择特性。其值位于 $u_{w,\min}/u_{w,m}$ ~ $u_{w,\max}/u_{w,m}$ 范围内（$u_{w,\min}$、$u_{w,\max}$ 分别是该路段内过往车辆的最低车速和最高车速），是驾驶员驾驶风格的反映，追求动力性能的驾驶员所对应的该值要高于谨慎型驾驶员。

（2）接近弯道。此阶段仍在直线行驶，但驾驶员已看到前方弯道。此时，驾驶员对弯道缓急进行判断，急弯时进行减速（减油门或制动）、缓弯维持原速等操作，调整车速准备过弯。此阶段速度调整目标是从开始制动到进入弯道这段距离内，将直线速度降至过弯速度。速度调整过程用制动时间表示：

$$t_t = \frac{\Delta s_t}{u_G} + \frac{\Delta u_w}{a} - \frac{1}{2}\left(\frac{\Delta u_w^2}{u_G a}\right) \quad (4-11)$$

其中，t_b 为制动时间（s），Δu_w 为直道行驶车速与入弯车速之差（m/s），u_G 为车辆质心的速度（m/s），Δs_t 为开始制动至入弯停止制动的距离（m）。

（3）弯道行驶。此阶段车辆进入弯道，在接近弯道阶段的判断与操作基础上，以适合的弯道速度过弯，可用以下模型描述：

$$u_{w,3} = \sqrt{|a_y|R} = \sqrt{|ka_{ypot}|R} \quad (4-12)$$

其中，a_y 为实际过弯侧向加速度；a_{ypot} 为可容忍侧向加速度阈值（正常情况下，$a_y \leq a_{ypot}$）。

（4）驶出弯道。此时驾驶员预见前方直道，加速出弯或维持原速至出弯。

（5）直线路段。恢复直道行驶模式。

对于以上5个阶段组成的过弯过程，对于手动挡车辆一般有以下换挡操作：阶段2降挡，阶段3维持低挡过弯，阶段4升挡出弯。

通过车辆过弯行为分析可得出以下结论：首先是驾驶员在入弯前就开始降速，进入弯道时已将速度调整至适宜的过弯速度。目前大部分弯道识别研究以车辆弯道行驶时参数进行识别，存在识别滞后，即只能在过弯过程中做出判断，不能满足弯道自动换挡要求。其次是弯道半径值非常重要（并不要求精确值），因为驾驶员需要根据不同弯道半径做出不同的减速操作，而后文制定换挡策略时自动降挡系数的计算也需要使用弯道半径值。因此，满足弯道自动换挡要求的弯道识别目标：首先是需要在驾驶员降速前或降速开始时即能识别出车辆即将过弯；其次是能够识别出弯道半径值。

根据以上分析制定弯道换挡策略的指导原则：首先是禁止升挡，在给出弯道指令后禁止升挡，以排除常态换挡规律因松油门而车速降低较慢导致的升挡，对于不需降速的大半径缓弯，不以弯道情况计；然后是降挡提前，在弯道行驶情况下，较平路行驶换挡规律降挡提前且允许越级降挡。

4.1.4 降挡提前系数的确定

对于一定油门下的换挡时刻，不同手动驾驶者之间存在差异，即换挡时刻是一个区间范围[155]。根据车辆动力传动关系能够计算出换入低挡的最高车速。如图4-5所示，图中虚线为16挡降15挡的极限换挡点。如以实际中自动换挡车辆使用动力性降挡规律为例，则a1~a2之间的速度范围为16挡降15挡的区间范围。

基于预见性地理信息的 AMT 重卡自动换挡策略研究 >>>

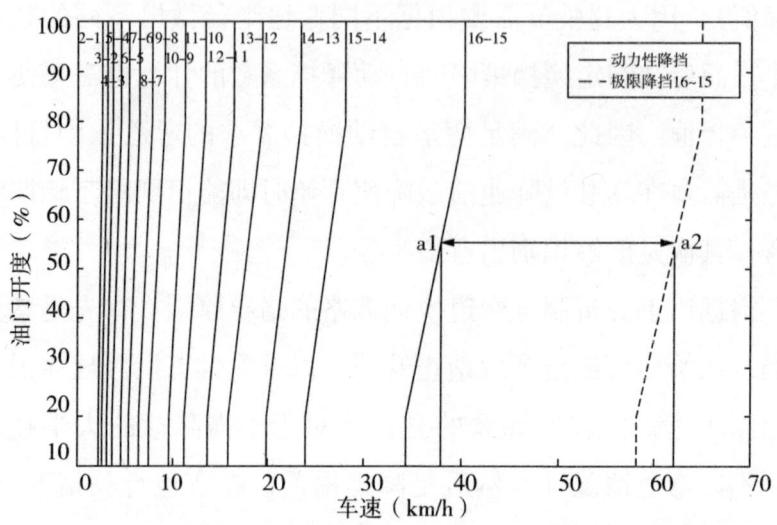

图 4-5　最佳动力性降挡规律与 16 挡降 15 挡极限降挡线

由于弯道降挡有别于平路降挡，本书以降挡提前系数 k_j 进行调节。以油门开度 60% 为例，按照最佳动力性降挡规律应在 a1 点处（车速 38km/h）降挡，而车辆允许换入低挡的理论最高车速位于 a2 点（车速 62km/h），a1～a2 之间的速度范围即 k_j 的可调节区域。假设 a1 点车速为 u_{a1}，a2 点车速为 u_{a2}，则有：

$$k_{jmaX} = \frac{u_{a2} - u_{a1}}{u_{a1}} \tag{4-13}$$

$k_j \in [0\, k_{jmax}]$，其与侧向加速度 a_y 的关系如图 4-6 所示。

90

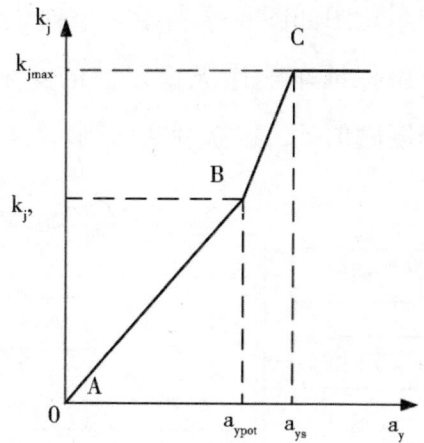

图 4-6　侧向加速度与降挡提前系数的关系示意图

由图 4-6 可知，BC 段（$a_{ypot}<a_y \leq a_{ys}$）斜率大于 AB 段（$a_y \leq a_{ypot}$），即当车辆侧向加速度超出可容忍阈值后，降挡提前系数变化率大于侧向加速度的变化率；$a_y \geq a_{ys}$，则 $k_j=k_{jmax}$，即当车辆侧向加速度超出安全阈值后，降挡提前系数取最大值。使用时通过车辆当前行驶的 a_y 值可以查找出对应的 k_j。如果正常降挡速度为 u，则经过 k_j 修正后，弯道换挡速度 u'：

$$u'=u+k_j u \tag{4-14}$$

即在弯道工况下，换入低挡的车速比平路高 $k_j u$，这样在车速较高时即可换入低挡。

4.1.5　建模与仿真

使用第二章建立的仿真模型，通过设置油门、制动信号来模拟驾驶员过弯操作，使汽车动力模型能够模拟汽车过弯行为，其仿真模型示意图如图 4-7 所示。该模块中包含侧向加速度判断子模块，由保证车辆操纵稳定性的安全阈值 a_{ys} 和人体可容忍侧向加速度阈值 a_{ypot} 建立判断准则。

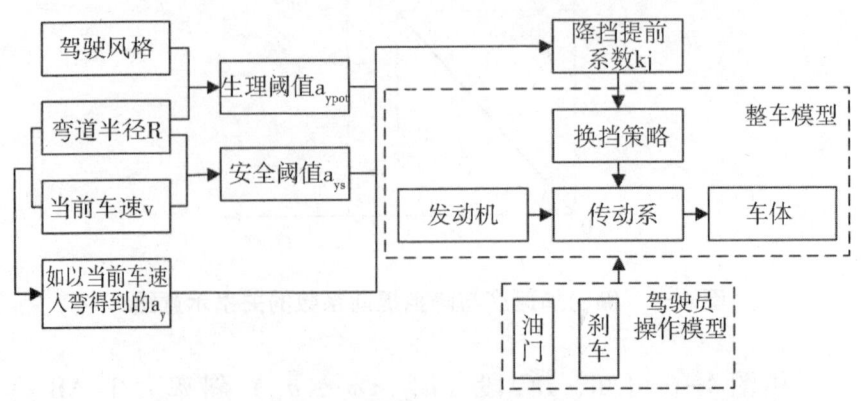

图 4-7 弯道行驶整车模型

按照入弯前的车速大小设置仿真工况。当车速提至 80km/h 时给出弯道信号并开始制动，车辆行驶数据如图 4-8 所示。此时车辆侧向加速度超出安全阈值，在降挡范围内使用最大的降挡提前系数。由挡位图看到，挡位跟随制动信号，迅速降挡，并在整个过弯过程中维持低挡。当车速提至 65km/h 时给出弯道信号并开始制动，车辆行驶数据如图 4-9 所示。此时车辆侧向加速度小于安全阈值，但大于可容忍阈值，在降挡范围内使用较大的降挡提前系数。由挡位图看到，挡位跟随制动信号，较快降挡，并在整个过弯过程中维持低挡。

<<< 第4章 特殊行驶环境下的预知性动态换挡策略

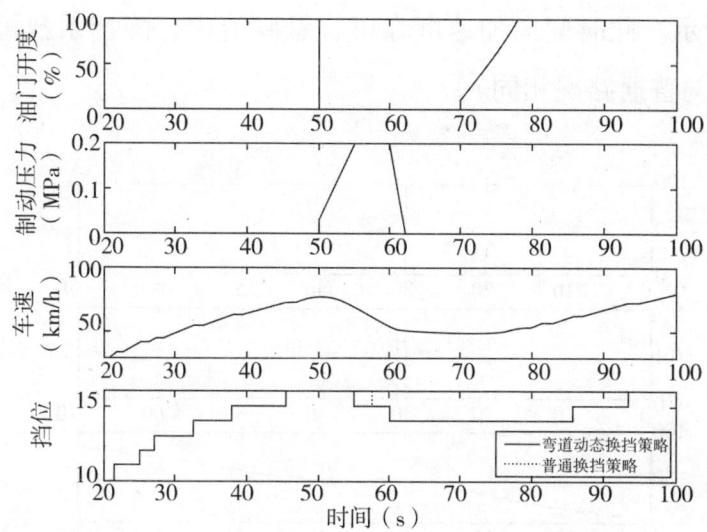

图 4-8 车辆转弯行驶工况仿真图（u=80km/h）

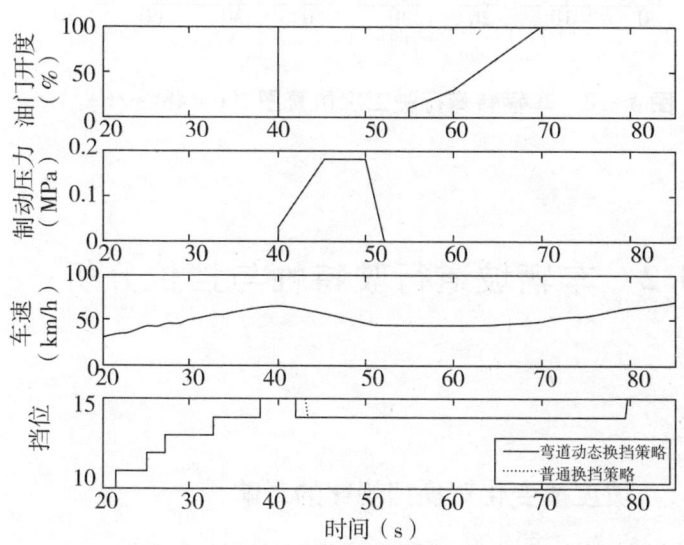

图 4-9 车辆转弯行驶工况仿真图（u=65km/h）

当车速提至 48km/h 时给出弯道信号，车辆行驶数据如图

93

4-10所示。此时侧向加速度在可容忍阈值内，降挡系数可以为零（与普通路况相同）。

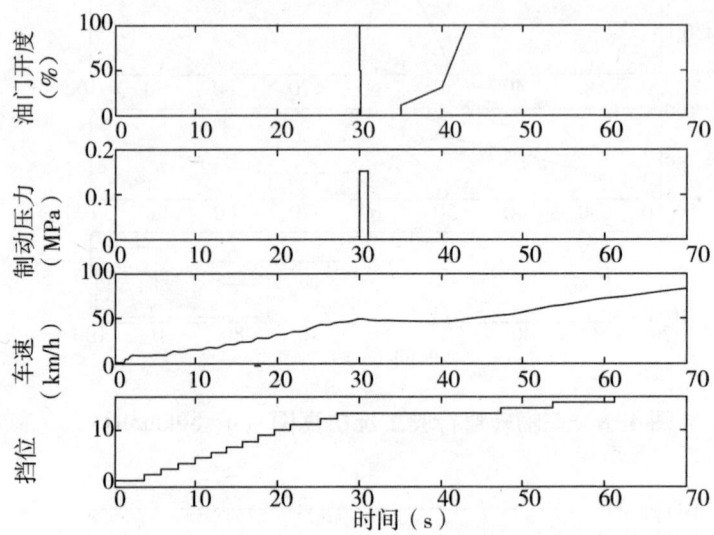

图 4-10　车辆转弯行驶工况仿真图（u=48km/h）

4.2　车辆坡道行驶特性与挡位分析

4.2.1　坡度值变化对换挡规律的影响

重型卡车因为发动机后备功率所占比率低于乘用车，在坡道尤其是重载上坡时更容易出现动力不足的问题。坡道行驶时，如果不考虑坡道阻力的加入而仍然使用平路换挡策略，则极易出现循环换挡。车辆循环换挡会额外增加换挡次数,缩短换挡机构的使用寿命,也会使爬坡速度出现波动,影响车辆坡道行驶通过性[156]。

换挡循环现象以车辆驱动力和行驶阻力平衡图及换挡规律曲线表示如图 4-11 所示。

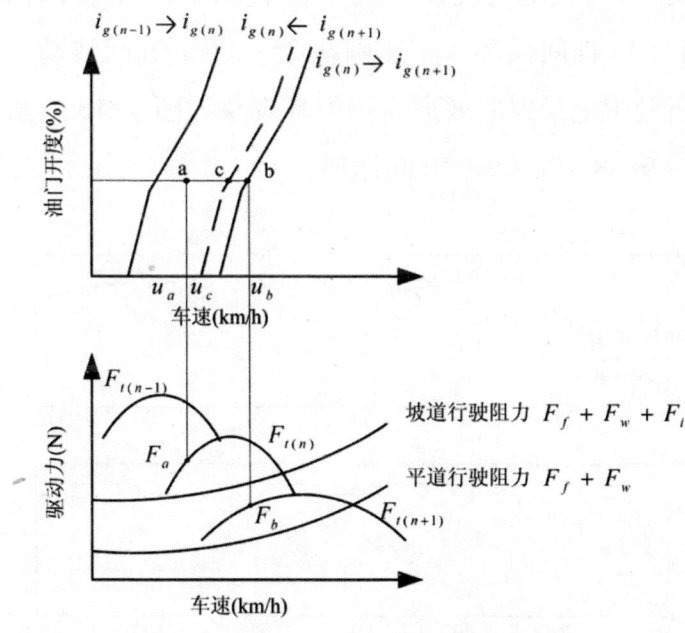

图 4-11　坡道循环换挡原理图

由图 4-11 可知,为简化分析设定车辆匀速行驶不存在加速阻力,平路行驶时的行驶阻力为空气阻力和滚动阻力之和(F_f+F_w),坡道行驶时行驶阻力还需加入坡道阻力($F_f+F_W+F_i$)。当车辆以车速 u_a、挡位 $i_{g(n)}$ 驶入坡道后,因为 n 挡时车辆驱动力 F_a 大于行驶阻力 $F_f+F_W+F_i$,车速上升至 u_b,u_a 此时

驱动力为 F_b。对于平路行驶需要克服的阻力 F_f+F_w 而言，$F_b>F_f+F_w$，适合升挡；但对于坡道，由于 F_b 小于坡道上的行驶阻力（$F_b<F_f+F_w+F_i$），导致车速下降至 u_c 时，由 n+1 挡又降至 n 挡，如此循环。

仿真中以空载车辆使用平路换挡规律为例，100%油门起步行驶爬行5%坡道出现换挡循环现象如图4-12所示，挡位在12挡与13挡间循环，车速则在25~37km/h间波动。在车辆实际行驶中记录到的坡道换挡循环现象如图4-13所示，挡位在10—9—8至8—9—10间循环。

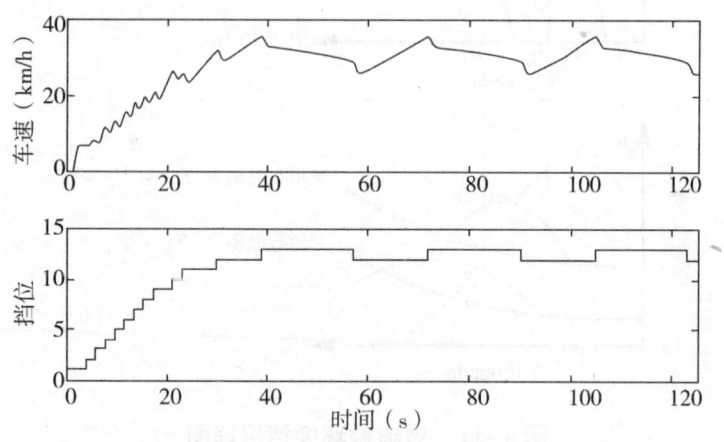

图 4-12　车辆仿真坡道行驶换挡循环

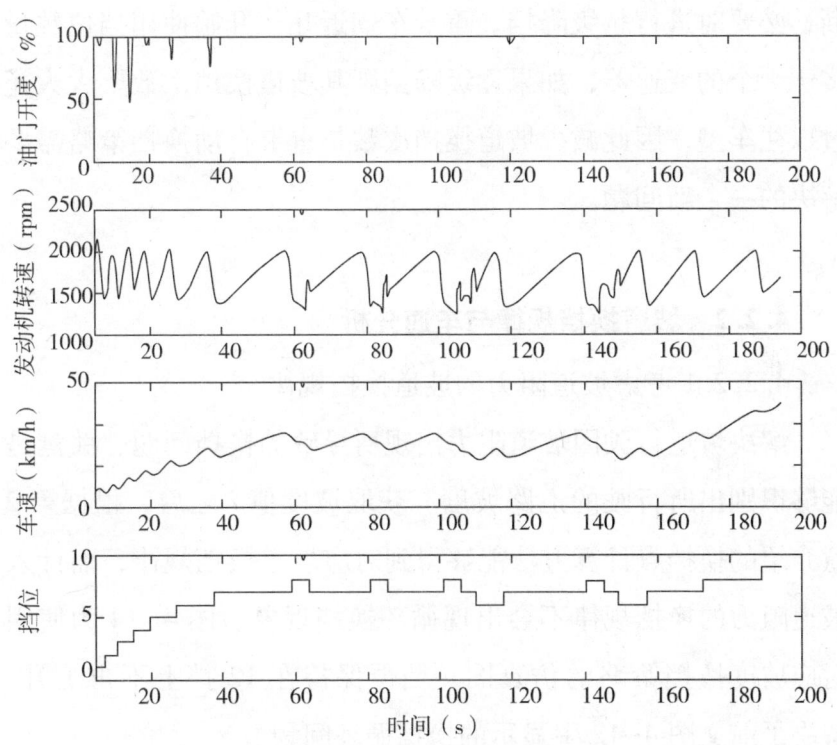

图 4-13 实车坡道行驶换挡循环

换挡循环由于在坡道行驶中不断换挡,造成车辆额外的动力损失,是 AMT 卡车换挡策略在坡道工况中需要重点解决的问题。重卡车辆在坡道行驶时遇到的另一种换挡问题是车辆高速高挡位入坡后,如果坡道较陡,需要降多个挡位至稳定爬坡状态。AMT 换挡间隙中动力中断造成车速下降,在坡道行驶时下降更为迅速。多次换挡间隙中的动力中断,损耗了车辆动力,使通过坡道时间增加,最严重时会导致车辆在坡道上停止前进。而在手动驾驶时,驾驶员会根据坡度与当前车速进行判断，必要时进行越级降挡。重卡车辆近几年开始使用挡位数量多于十个的变速器，如果逐级降挡则其坡道换挡次数要大大超过以往车型，因此减少坡道换挡次数是重卡自动换挡策略需要解决的一个新问题。

4.2.2 坡道换挡规律与车速分析

4.2.2.1 考虑坡道阻力的坡道换挡规律

解决坡道行驶因坡道阻力出现所导致的换挡问题，关键是能够识别出所行驶的道路坡度。获取坡度值 i 之后，根据第2章介绍的换挡点计算方法能够得到对应坡道换挡规律，而计入坡道阻力的换挡规律不会出现循环换挡现象。图4-14为使用对应坡度换挡策略的仿真图，挡位保持在12挡上不再上升，解决了前文图4-12中显示的换挡循环问题。

坡道行驶时坡道阻力的加入使得换挡间隙中的车速下降尤为迅速，因此卡车在坡道中行驶时最好不换挡，必须换挡时则尽可能减少换挡次数。奔驰卡车公司在对驾驶员操作培训中要求，坡道行驶时最好在坡底增大发动机转速、降低挡位以避免坡道中降挡。除了驾驶员有正确的坡道驾驶操作，自动换挡策略的配合还可帮助减少坡道换挡。

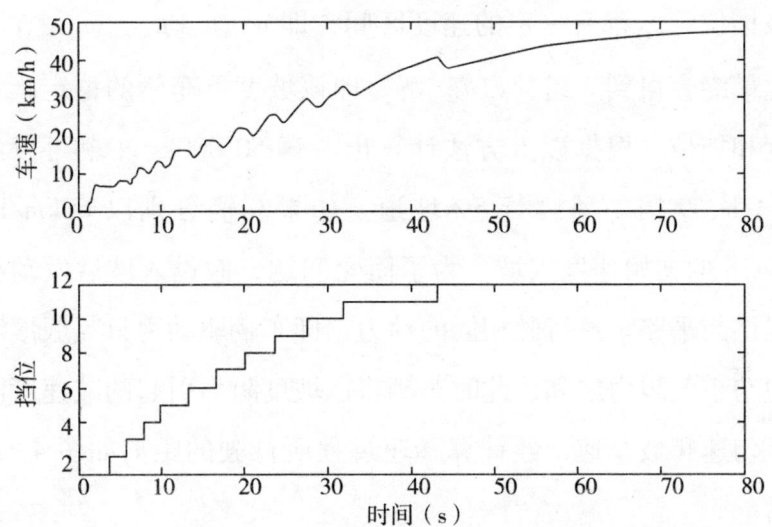

图 4-14 坡道换挡解决换挡循环仿真图

4.2.2.2 重卡坡道行驶稳定车速计算

当车辆以较高车速和挡位驶入较陡坡道时，入坡后车速下降较快，如果坡道足够长，则车速降至某一平衡值后即在该速度下稳定行驶，不会再发生较大改变。这一稳定速度与坡度值和车辆载荷有关，可以通过观测实验获取车辆坡道行驶的速度特性[157]，本书通过该阶段的动力学分析计算上坡稳定车速。由第二章分析可知发动机扭矩可由车速拟合，即 $T_e=f_u(a_e,u)$。则一定油门开度下，车辆上坡的行驶动力学方程表示：

$$(e'_0+e'_1 u+e'_2 u^2)\frac{i_g i_0 \eta_T}{r}=mgf+\frac{1}{2}C_D A\rho u^2+mgi+\delta m\frac{du}{dt} \quad (4-15)$$

根据式（4-15）能够计算出每个挡位对应的车速解。而

每级挡位 $i_{gs(n)}$ 都有一定的速度区间,即 $u_{(n)} \in [u_{n(\min)} \ u_{n(\max)}]$,因此最终会得到一组 $[i_{gs} u]$ 解,即该坡度下车辆的稳定爬坡速度和挡位。根据以上方法计算出一辆 50 000kg 车辆可以约 30km/h、9 挡匀速爬行 5% 坡道。如果车辆分别以 60km/h、40km/h 的初始速度入坡,为了简化问题,假设入坡后发动机只提供与平路匀速行驶相同的动力,即车辆驱动力只克服滚动阻力与空气阻力之和,此时车辆将以坡度阻力引起的减速度降速至匀速爬坡车速,经计算降速过程所行驶的距离如图 4-15 所示。

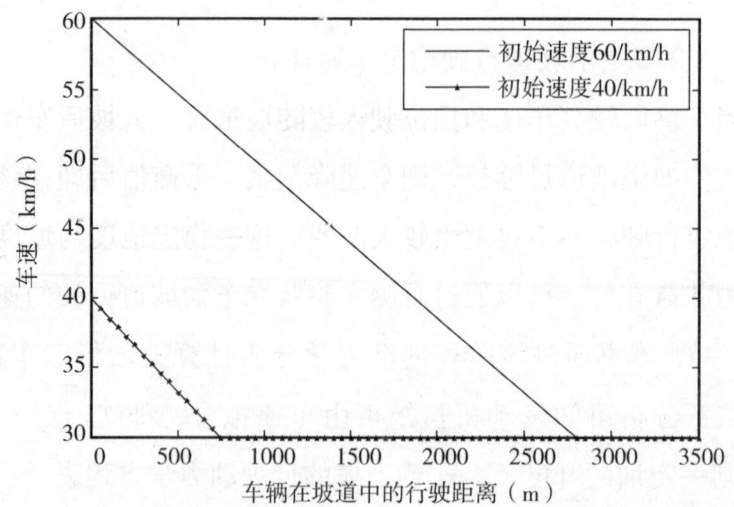

图 4-15　车辆入坡行驶速度变化与行驶距离示意图

初始入坡速度为 60km/h 时,当车速降至稳定爬坡车速时车辆行驶了大约 2700m;而初始入坡速度为 40km/h 时,该距离约为700m。由此可见，入坡时初始速度越高，由初始速度降至匀速过程中车辆所行驶过的距离越长，则车辆通过既定长度坡道所用时间越短，这是手动挡车辆驾驶员入坡前提高车速"冲坡"的原因。

4.3 坡道动态换挡策略

4.3.1 坡道驾驶行为与换挡分段分析

根据上节分析，当车辆入坡初始速度越高时，其行驶完既定坡道所用时间越短。因此，卡车驾驶员经常会在如图4-16所示的坡前A'点处开始增大油门开度，手动挡车辆驾驶员有可能会同时降低一挡以获取更大的加速度准备爬坡，这就是货车驾驶员通常的"冲坡"操作。对于使用普通换挡策略的自动变速车辆来说，在该阶段可能会出现升挡的现象，由于此时车辆仍处于平路段而换挡系统不能识别出车辆前方路况，按照平路换挡逻辑突破升挡线时就会进行升挡。当车辆驶入坡道后随着坡道阻力的加入，当前挡位提供的驱动力矩不足以维持当前车辆加速度，则车速下降，短时间内车辆又会降回入坡前的挡位，此处升挡—降挡是一次可避免的换挡。由于这种情况出现在进入坡道之前，车辆入坡行驶才能识别出坡度的方法对坡道换挡策略的实施存在识别滞后，这是无地理信息预知功能的换挡策略从根本上无法解决的问题。

AB 段为坡道行驶阶段，使用普通换挡策略车辆按传统识别方法得到坡度值并计算出对应坡道换挡规律，车辆以此换挡规律行驶直至出坡后恢复平路换挡规律。车辆在即将出坡前的 B'点处如果按自动换挡逻辑面临一次降挡，手动挡车辆驾驶员会取消此次降挡。因为车辆即将出坡，取消降挡可避免出坡后行驶阻力减小车速上升而短时间内再次升挡；如果 B'点处面临一次升挡，将其延迟至出坡后的平路段，则可减少坡道换挡的不利影响。

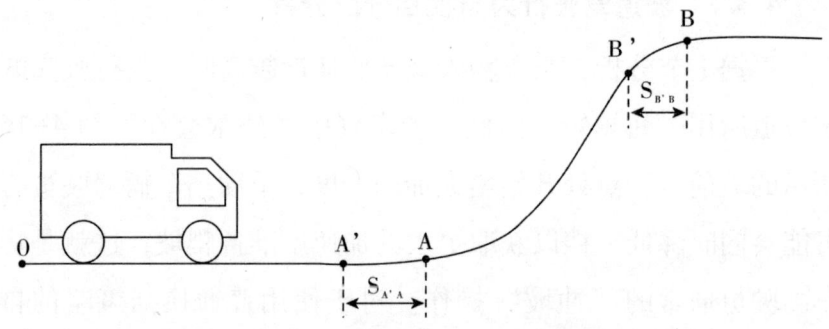

图 4-16　车辆坡道行驶示意图

4.3.2　对应换挡策略

入坡前，平路段的换挡策略设计要点是抑制有可能发生的升挡。结合图 4-16 所示，当驾驶员在入坡前 A'点加大油门时，换挡系统根据预知的车辆前方地理信息，预估车辆到达入坡位置 A 点时的速度 u_A，并与正常换挡车速 $u_{u,A}$ 比较，如果相

差在一合理范围 Δu_u 内，则在 A'—A 段内保持原挡位不升挡；如果 $u_A-u_{u,A}$ 超出该合理范围，则在速度达到 $u_A+\Delta u_u$ 时升挡。坡道前换挡策略流程如图 4-17 所示，其中，Δu_u 的取值与发动机转速上限有关。该换挡策略不是绝对取消升挡，而是在一定范围内抑制升挡的原因，如果驾驶员过早增大油门或油门开度过大，令发动机长时间工作于高转速区间，则从发动机使用角度考虑自动换挡系统应该进行升挡，而比正常升挡点延迟的 Δu_u 仍然可以体现驾驶员坡底升速意图。假设车辆保持 A' 点处加速度行驶至 A 点，预期车速 u_A 可用下式求取：

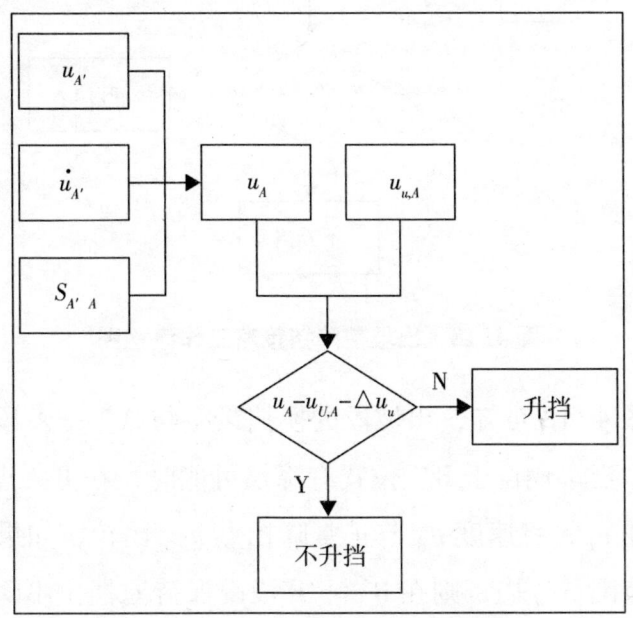

图 4-17 入坡前换挡策略工作流程图

$$u_A=\sqrt{2u_A{'}S_{A'A}-u_{A'}{}^2} \qquad (4-16)$$

其中，A'点处车速 u_A' 和加速度 $\dot u_{A'}$ 由车辆 CAN 总线实时提供，A' 至 A 点之间距离 $S_{A'A}$ 由地理信息预知系统提供。

出坡段的换挡策略设计要点是出坡前延迟换挡，其换挡决策流程如图 4-18 所示。

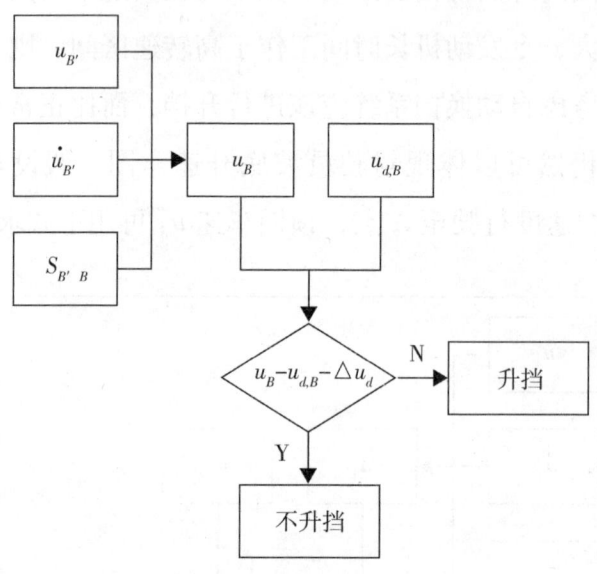

图 4-18　出坡前降挡策略工作流程图

由图 4-18 可知，出坡段的换挡策略与 A'—A 段设计思路相似。当车辆位于 B'位置有降挡可能时，在 B'点预测 B点处车速 u_B，将速度 u_B 与正常降挡点 $u_{d,B}$ 比较，如果相差在一合理范围 Δu_d 内，则在 B'—B 段内保持原挡位不降挡；如果 $u_B - u_{d,B}$ 超出该合理范围，则在正常降挡点 $u_{d,B}$ 处降挡。其中，Δu_d 的取值与发动机转速下限有关，即不能使发动机转速低于转速下限阈值。同理，当车辆在 A'—A 段内有升挡可能时，将预测得到的 B 点处车速 u_B 与正常升挡点 $u_{d,B}$ 比较，如果相差在一合理范围 Δu_u 内，则在 B'—B 段内保持原挡位；如果 $u_B - u_{d,B}$ 超出该合理范围，则在正常升挡点 $u_{u,B}$ 处升挡。该换挡决策流程如图 4-19 所示。

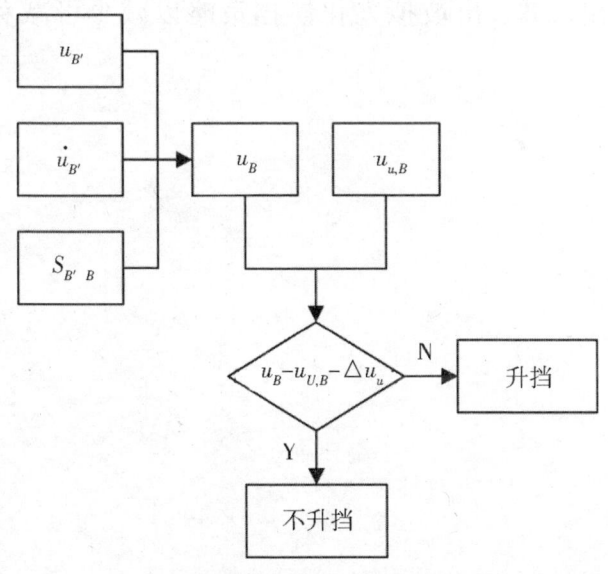

图 4-19 出坡前升挡策略工作流程图

小结

本章主要针对地理信息预知可产生较大影响的坡道、弯道、下坡工况进行了动态换挡策略设计，利用预知的地理信息提高车辆的换挡表现。主要研究结果如下：

（1）对于弯道路况，分析了车辆过弯行驶特点并建立其分段数学模型，根据车辆过弯动力学分析和实际车辆过弯行驶速度观测，设计了弯道换挡策略，利用仿真模型验证该换挡策略能够杜绝弯道升挡现象，并且能够实时调整降挡点。

（2）对于上坡路况，在动态规划优化得到的换挡规律基础上，提出入坡、出坡拟人化换挡策略以减少可减免的换挡动作。

第 5 章

重卡 AMT 自动换挡策略整车实验

本章主要对前文所提出的基于地理信息预知的换挡策略的有效性进行实车验证。在尚不具备地理信息与换挡控制系统实时通讯条件下，设置转化实验，对坡道、弯道行驶的换挡策略进行验证。

5.1 实验设备

本实验使用国产某品牌 AMT 实验卡车平台对本书所提出的换挡策略进行测试验证。实验车配置 16 个前进挡位的 AMT 自动变速器，以该车自动换挡底层控制系统为平台，使用德国 Vector 公司出产的 CANape，将与试车场地地理信息匹配的换挡策略换挡点写入控制系统并在实验路段进行调试，按规定的油门动作沿既定实验路线行驶，换挡策略行驶验证数据通过 CANape 从 CAN 总线中读取，后期离线进入 Matlab 软件进行分析。实验使用设备及实验现场照片如图 5-1 所示。

图 5-1　实验设备与现场图片

5.2　既定实验场内地理信息预知条件设置

由于地理信息预知系统与变速器 TCU（transmission control unit）尚不具备连接通信条件，为了验证基于地理信息预知的换挡策略的有效性，使用既定实验场地内固定轨迹行驶的设置实验。基于地理信息预知的换挡策略需要地理信息系统定位车辆当前位置，将车辆当前位置前方一定距离内的地理信息传送给换挡控制系统，该信息随着车辆行进即时更新。虽然 GPS/

GIS技术在汽车上得到了广泛应用，但其与包括变速器控制系统TCU在内的车辆控制系统的信息连接是一项正在进行的研究[189]。本书设置了实验场既定路线实验，通过预先测量行驶轨迹地理参数，以确定地点起步行驶，利用车速实时计算出车辆行驶实时位置。而换挡策略按预先设定的实验条件编写，可使车辆换挡策略与行驶地理环境匹配。

5.2.1 既定实验轨迹地图获取

测量实车实验所经过线路各段长度，将地理信息预知换挡策略所需的入坡、出坡位置等在道路两侧做出标识，使用美国Xsens公司生产的MTi-30陀螺仪（横滚角测量精度0.4°）测量道路坡度。

5.2.2 车辆定位

在无GPS帮助定位的情况下，通过车速计算出车辆行驶过的距离，实现对车辆在规划路径中的定位。定位完成后，控制系统可以清楚车辆前方剩余路程的地理信息。利用车速定位的原理：如图5-2所示，如果将速度分隔为若干区间，在足够短的采样间隔时间Δt内，车辆加速度可视为一常数值，则Δt区间内车辆所行驶过的距离可由初始车速u_1和终了车速u_2与行驶时间之积求得，即Δt区间内的车辆行驶距离：

$$s_{12} = \left(\frac{u_1+u_2}{2}\right)\Delta t \qquad (5-1)$$

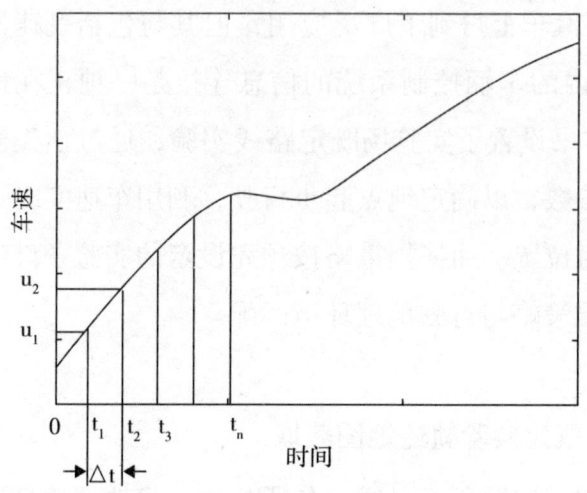

图 5-2　根据车速计算车辆位移

车速可实时由 CAN 总线中提取，因此以车速计算出的车辆行驶距离：

$$s = \left(\frac{u_1+u_2}{2}\right)\Delta t + \left(\frac{u_2+u_3}{2}\right)\Delta t + \cdots + \left(\frac{u_{n-1}+u_n}{2}\right)\Delta t \quad (5-2)$$

当车辆在既定轨迹上行驶时，根据式（5-2）由车速能够实时定位车辆位置。

5.3　坡道综合性换挡策略实验

坡道综合性换挡策略实验设置目的是检测综合性换挡策略对经济性、动力性的平衡有效性。车辆每次行驶使用 CANape 记录行驶数据过程中，同时使用陀螺仪记录道路的坡度值。坡道综合性换挡策略验证所使用路段信息如图 5-3 所示。

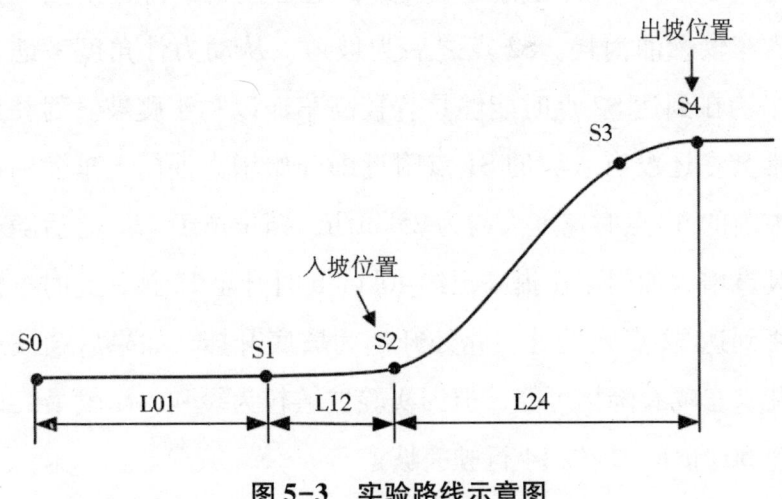

图 5-3　实验路线示意图

实验时车辆在 S0 点起步并开始记录数据，至 S1 点处，前方坡道信息进入换挡系统并开始规划坡道综合性换挡策略，此时驾驶员以习惯驾驶方式操作入坡。S3 点处换挡系统接收前方出坡信息，S4 点处坡道结束停止数据记录。路线具体参数设置为：L01 = 400m，L12 = 80m，L24 = 410m。根据道路坡度值设置 λ_d = 0.26，λ_e = 0.74 求取综合性换挡策略。车辆进行以下几次测试：

（1）经济模式起步并行驶全程。

（2）动力模式起步并行驶全程。

（3）S0—S2 平路模式，S1 点处切换进入综合性换挡策略模式。

其中，车辆每次行驶所用油门要求保持大致相同。

如图 5-4 所示，是按照实验设置条件使用经济性换挡策略的行驶数据。S1 点之前为平直路，适合使用经济性换挡规律节省车辆燃油消耗。S2 点之后为坡道，从动力性角度考虑希望车辆在到达 S2 点时能够具有较高车速以利于爬坡。驾驶员通常会在还没有入坡的 S1 点附近即开始增大油门。车辆到达入坡前的 S1 点时速度大约为 25km/h，挡位位于 12。之后随着驾驶员增大油门车速提高至约 40km/h 时升至 13 挡，此时车辆即将到达 S2 点入坡处。此处升挡为坡底升挡，如果后续坡道较陡，车辆有降挡可能，但因实验坡道较为缓和，车辆最终以车速 50km/h、挡位 14 行驶完坡道。

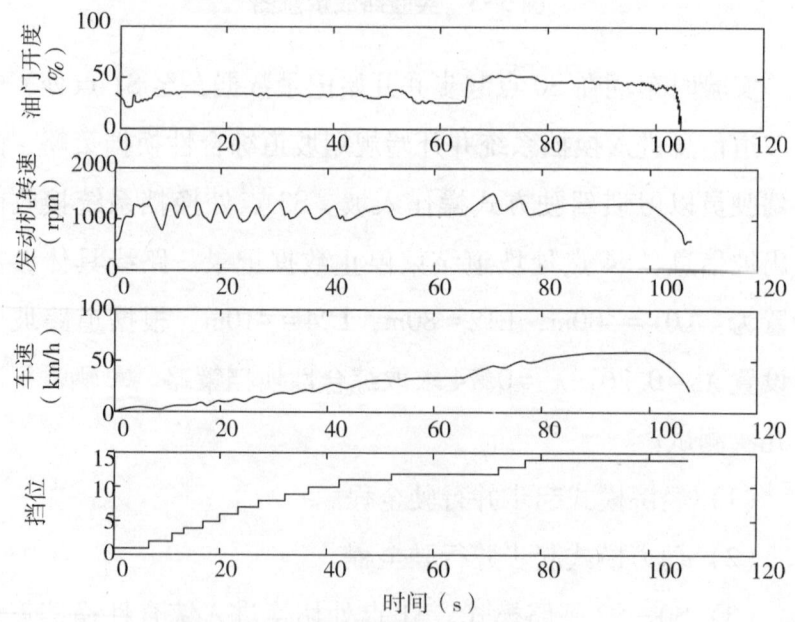

图 5-4　经济性换挡策略行驶数据

油耗表现使用第三章的计算方法,将实验行驶数据离线导入 Matlab/Simulink 计算模型中,以发动机油耗特性及行驶参数等计算出经济性换挡策略的燃油消耗情况,如图 5-5 所示。

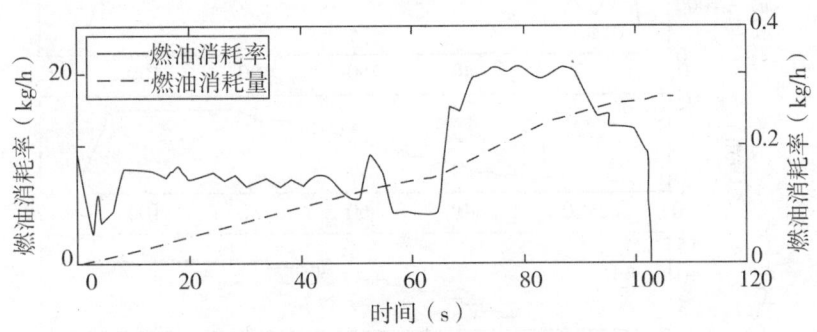

图 5-5　经济性换挡策略的燃油消耗情况

使用动力性换挡策略的实验行驶数据如图 5-6 所示。在平直路上以动力性换挡规律起步行驶会较为费油,但当平直路末端连接有坡道时,使用动力性换挡规律的车辆在平直路末端具有较高车速和较低挡位,从而有利于爬坡。由图 5-6 可知,车辆到达 S1 点附近时车速为 30km/h,挡位为 9。由于动力性换挡规律的换挡点较高,在车辆到达 S2 点时并未升挡从而保持原挡位驶入坡道。由于坡度较缓入坡后车速继续增加,最终以约 55km/h、挡位 12 稳定行驶完坡道。

113

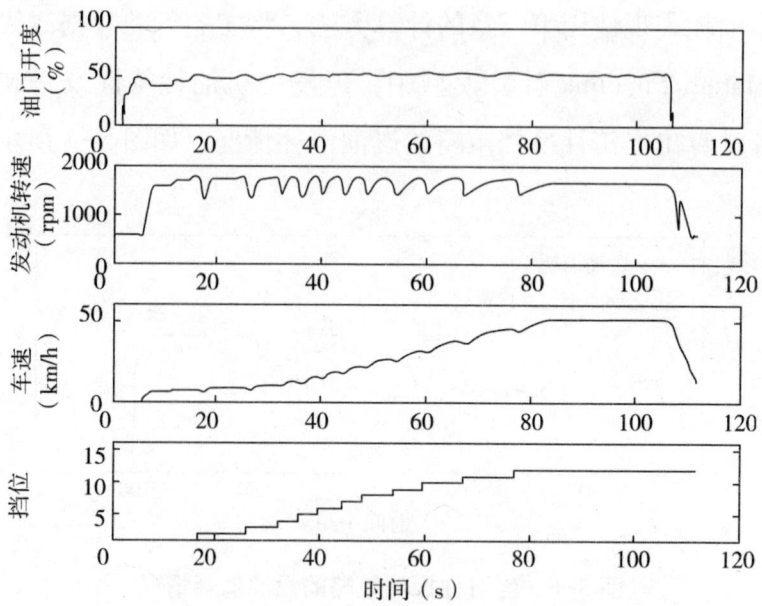

图 5-6 动力性换挡策略行驶数据

动力性换挡策略的燃油消耗情况如图 5-7 所示。

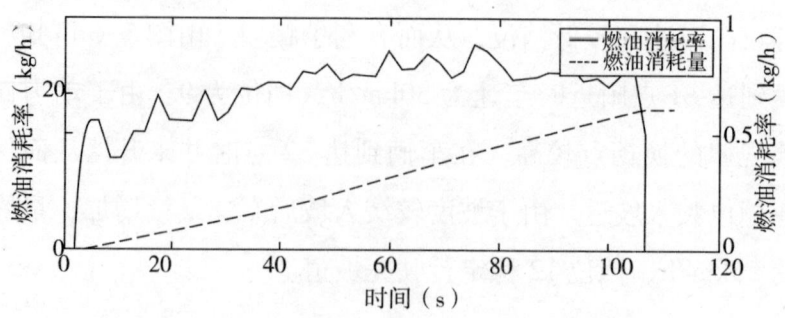

图 5-7 动力性换挡策略的燃油消耗情况

使用综合性换挡策略的实验行驶数据如图 5-8 所示。综合换挡规律在 S1 点之前的平直路，挡位规划以节省燃油为目标，车辆行驶至 S1 处的速度为 34.5km/h。S2 点处驶入坡道，考虑坡道换挡策略在入坡前即需实施，在 S1 点处切换进入侧重动力性的综合换挡模式。换挡模式切换后短时间内挡位由 12 降至 11，随即驾驶员进行了坡道底部加油门的操作，车速提升至 37km/h 时入坡。在既往换挡策略中，坡底驾驶员迅速增大油门会判断为"急加速"驾驶意图，以延迟升挡对待，不会有降低挡位动作。增大油门同时降低挡位能够使车辆短时间内获取较大加速度从而提高车速，有利于坡道行驶，该降挡动作与手动驾驶员操作相似。

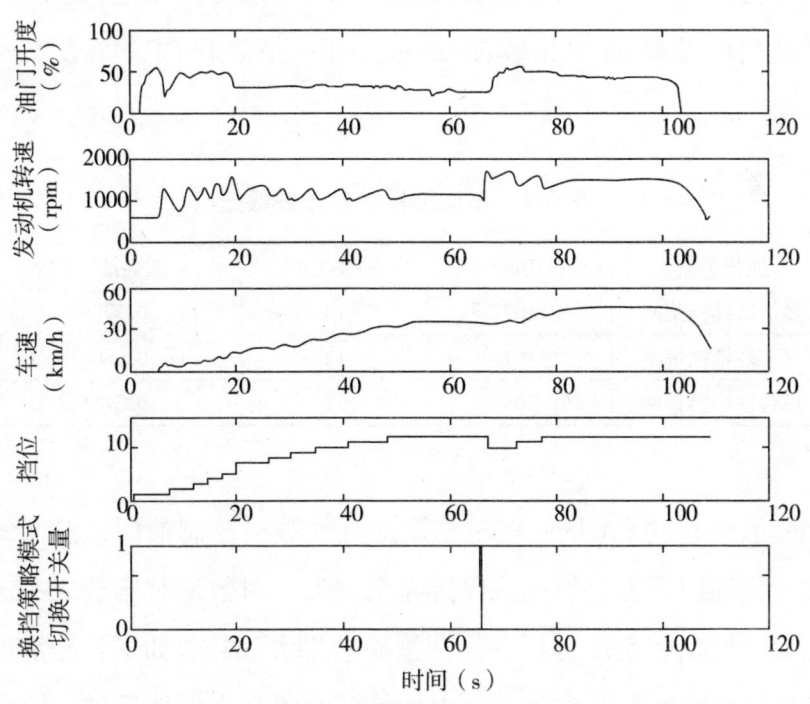

图 5-8　综合性换挡策略行驶数据

综合性换挡策略的燃油消耗情况如图 5-9 所示。

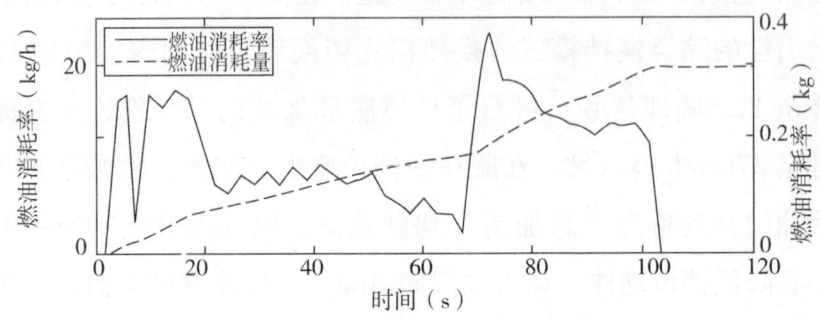

图 5-9　综合性换挡策略的燃油消耗情况

为方便对比，将车辆使用以上换挡策略行驶的全程用时、爬坡挡位及耗油情况数据整理于同一张表格内，如表 5-1 所示。

表 5-1　不同换挡策略行驶数据

换挡策略	全程用时（s）	爬坡挡位	全程耗油（kg）
经济性换挡策略	107	14	0.2799
动力性换挡策略	101	12	0.6000
综合性换挡策略	103	12	0.3145

虽然通过 CANape 实时监控提醒驾驶员控制油门，然而每次行程油门开度仍然无法保持完全一致，对数据对比造成一定影响。根据表 5-1 分析各换挡策略效果大致趋势如下：经济性换挡策略全程最为省油；动力性换挡策略动力性能最佳；综合换挡规律通过在不同的预见期间进行权重系数的调整，平路时

侧重经济性、坡道时侧重动力性，其燃油消耗量 0.3145kg 虽然略高于经济性换挡策略，但比动力性换挡策略消耗的 0.6kg 大为节省，而其全程用时也只比动力性换挡策略多出 2s。经济性换挡策略爬坡挡位维持 14 挡，而动力性、综合性换挡策略都维持于 12 挡，更低的爬坡挡位能够提供更好的动力性能，因此经济性换挡策略虽然最为省油但其动力表现不如动力性换挡策略及综合性换挡策略。综上，综合性换挡策略根据道路实时动力需求划分不同的预见区间进行针对性规划，在总行程中的燃油经济性与动力性都能保持良好水平。

5.4 坡道动态换挡策略实验

坡道动态换挡策略实验以利用预知的道路信息来抑制可减免换挡动作为目的，实验道路选取一较缓下坡连接平路，之后为一坡度值约 4% 的上坡道路。实验道路选取原因是车辆在上坡之前可获取较高车速和挡位后再进入坡道行驶，因坡道阻力加入，车辆不能维持该车速与挡位而需要降挡，从而可以对降挡策略做出验证。

基于预见性地理信息的 AMT 重卡自动换挡策略研究 >>>

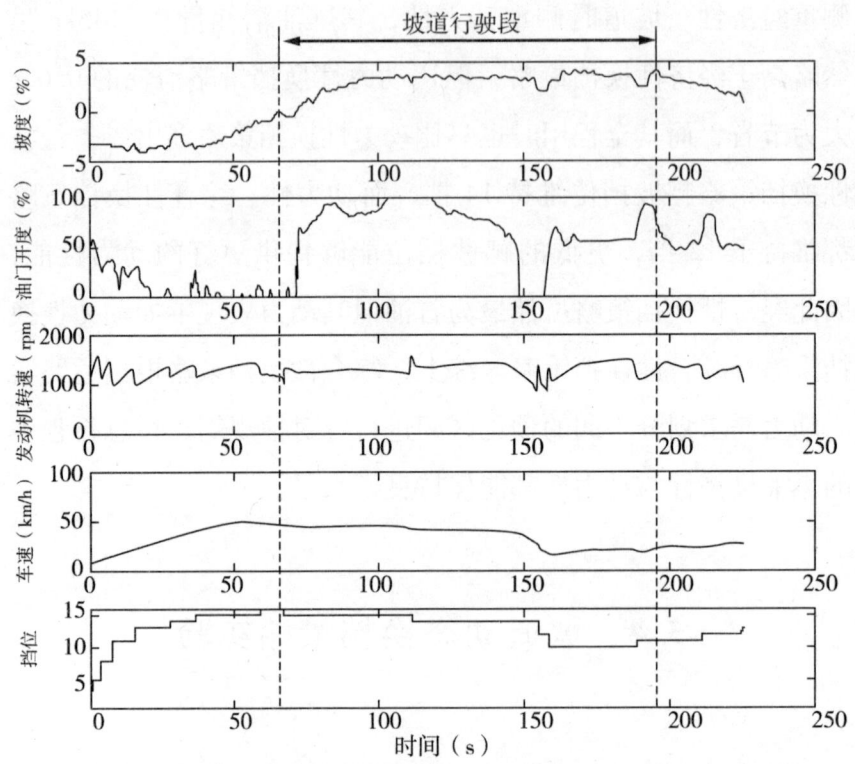

图 5-10 普通换挡策略试车场地坡道行驶数据

使用普通换挡策略行驶所记录数据如图 5-10 所示。车辆在即将入坡时随车速升高进行了一次 15 升 16 挡动作，车辆维持 16 挡很短时间即进入坡道行驶，随后按坡道换挡策略适合在 15 挡行驶，因此进行了一次降挡动作（挡位图中①标记处）。在车辆即将出坡时，挡位由 10 挡升入 11 挡，此时再有 10s 时间即将出坡（挡位图中②标记处）。由于坡道中换挡造成车辆动力损失比平路大，因而这一升挡动作可延迟至出坡后进行。

针对普通换挡策略出现的问题设计了基于地理信息预知的坡道动态换挡策略,实验行驶数据如图 5-11 所示。在入坡前约 10s 时驾驶员预见坡道并且加大油门提速准备爬坡,此时挡位处于 15 挡。随着车速提高在挡位图中①标记处,按普通换挡策略应该由 15 挡升入 16 挡,地理信息预知换挡策略在此处进行了一次升挡抑制,车辆保持 15 挡进入坡道。车辆即将出坡阶段中,在挡位图中②标记处应该由 15 挡降至 14 挡。此时车辆再有 10s 时间即将驶出坡道,地理信息预知换挡策略在此

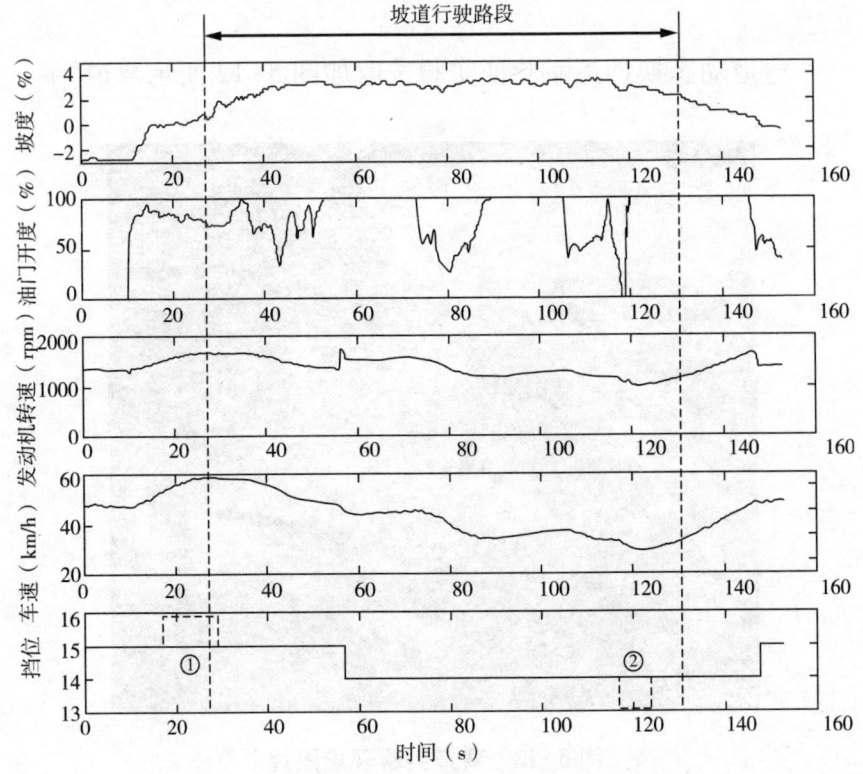

图 5-11 预见性换挡策略试车场地坡道行驶数据

处进行了一次降挡抑制,车辆保持14挡出坡。

通过以上分析发现,当换挡控制系统预知前方道路信息时可在车辆行驶过程中做出适当的换挡延迟或提前,从而避免一些换挡后由于路况改变短时间内又恢复原挡位的换挡动作,对于坡道行驶减少换挡次数、降低动力中断损失尤其有利。

5.5 弯道动态换挡策略实验

弯道动态换挡策略验证实验选取如图5-12所示弯道。

图5-12 弯道实验现场图片

使用普通换挡规律,按驾驶员操作习惯过弯行驶,所记录行车数据如图 5-13 所示。

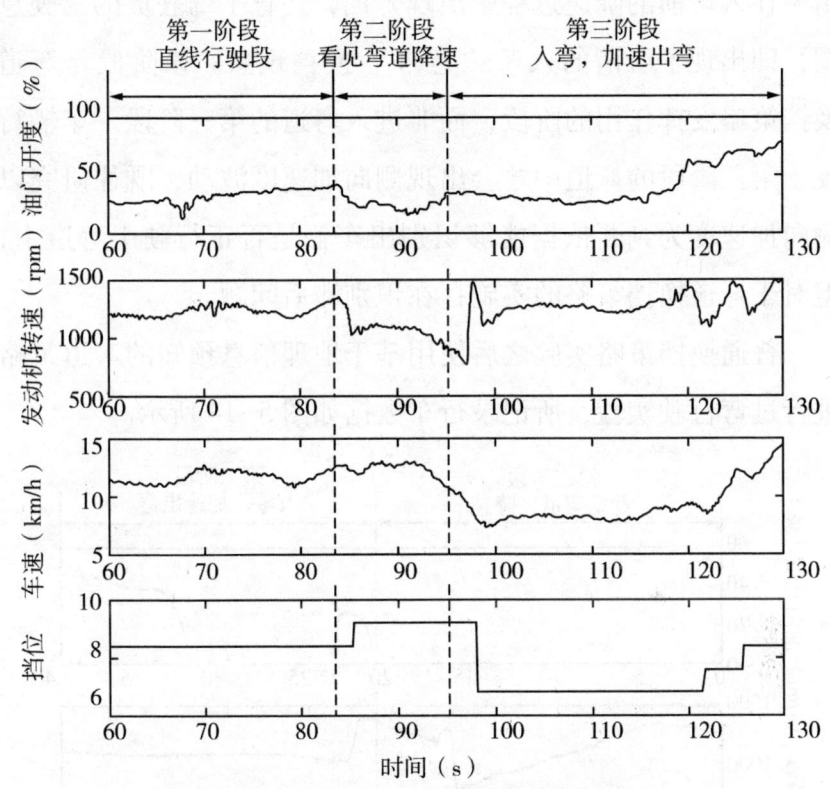

图 5-13 普通换挡规律过弯数据

由图 5-13 可知，车辆过弯行驶过程按前文分析可划分为三个阶段：第一阶段为直线行驶段；第二阶段是入弯道的直线段，此时驾驶员看见前方弯道开始松油门，目的是将车速降低至合适的入弯速度；第三阶段是入弯及出弯，驾驶员以第二阶段获取的速度入弯、行驶，然后加速出弯。在本次实验的第二阶段即入弯前的直线段，当驾驶员松开油门约 5s 后油门踏板降为30%，而此时车速未有明显下降，挡位由8挡升入9挡。由于在入弯前的降速过程中出现升挡，违背了驾驶员的驾驶意图，即出现了所谓的入弯"意外"换挡现象。该阶段是弯道换挡策略发挥作用的阶段，而非进入弯道的第三阶段。车辆行驶于第三阶段的弯道中才会出现侧向加速度波动，既往研究以侧向加速度为判断依据能够识别出车辆是否正行驶于弯道中，但对于弯道换挡策略的实施存在识别滞后问题。

  普通换挡策略实验之后使用基于地理信息预知的弯道策略进行过弯行驶实验，所记录行车数据如图5-14所示。

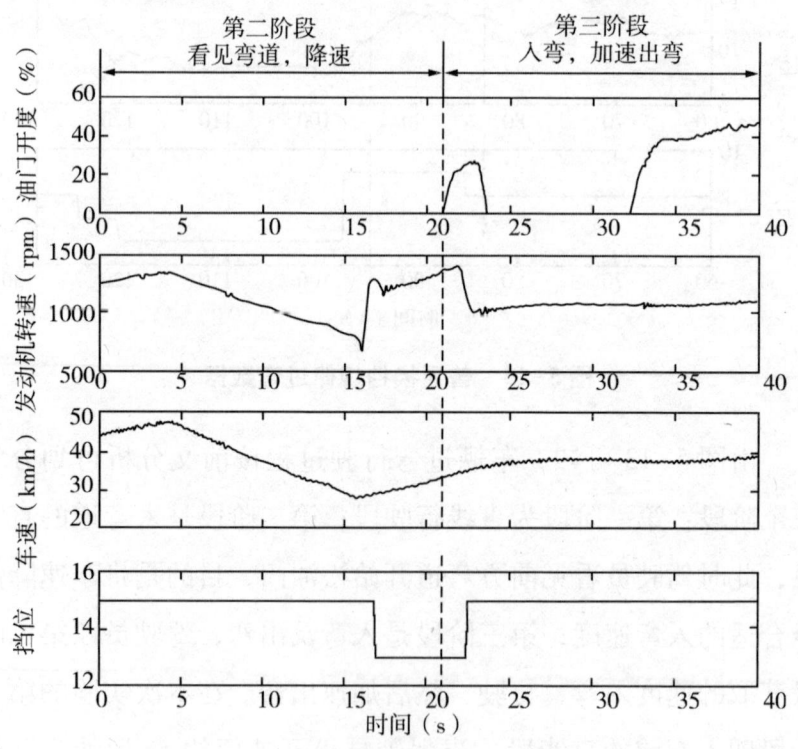

图5-14 地理信息预知换挡策略过弯数据

在本次弯道行驶实验中,当驾驶员看见弯道松油门后,车速仍有缓慢上升,至48km/h时按普通换挡规律应由15挡升入16挡,但弯道信息抑制了此次升挡,之后随着车速继续下降突破降挡点,车辆降至13挡之后入弯。因此,预知弯道信息的换挡策略能够避免入弯"意外"换挡现象。

小结

本章针对第三、第四章提出的换挡策略进行了实车验证,具体工作主要如下:

(1) 构建了GPS/GIS信息与换挡控制系统无信息连接情况下的地理信息预知换挡策略试车场实验。对本书提出的基于地理信息预知的综合换挡规律进行了实车验证,结果表明根据坡度值规划的综合性换挡策略可以保证动力需求又较为省油。

(2) 在既定实验路段进行了基于地理信息预知的坡道、弯道动态换挡策略验证。结果表明在预知车辆行驶前方地理信息情况下,换挡策略能够有效避免坡道行驶的无谓换挡操作,在弯道行驶时能够避免降速升挡情况,减少了车辆换挡次数从而减少换挡能量损失与离合磨损,也使换挡规律更加符合驾驶人的驾驶意愿。

第6章

结论和展望

6.1 总结

本书以国内卡车当前发展状况为基础结合未来可能的发展条件，对 AMT 重卡的换挡策略进行了研究。提出利用车辆前方地理信息以动态规划方法构建最优换挡策略来解决卡车动力性能与经济性能的平衡问题。在最优换挡策略基础上，针对弯道、坡道工况等特殊路况设计了符合驾驶人意图并有利于车辆通行的动态换挡策略，最终使用模型仿真和实车实验进行了验证，感谢中国重汽公司协助提供实车实验条件。本书主要研究内容与结论如下：

（1）根据当前车辆智能技术发展趋势和车辆使用需求，提出地理信息预知换挡策略，使用预测控制将动态规划引入换挡规律的实时制定中。在处理卡车动力性与经济性矛盾问题时，根据重卡车辆和使用特点以道路对卡车动力需求为出发点，对应不同路况动力需求的改变，调整动态规划中动力性和经济性的权重值寻求动力性能与燃油消耗的最佳平衡点，获取预测距离内车辆最佳综合换挡规律，并用仿真模型验证该策略的有效性。

（2）在利用预知的地理信息进行挡位动态调整方面，针对弯道工况松油门出现升挡的情况，建立车辆过弯行驶分段数学模型，通过车辆过弯动力学分析和车辆过弯行驶观测实验，提出以车辆侧向稳定性发生改变的临界侧向加速度为安全阈值和以弯道人体可容忍侧向加速度为人体可容忍阈值的弯道换挡指标，指导降挡系数的设计，进而调节弯道降挡点。仿真实验结果表明该换挡策略能够杜绝弯道升挡现象，并可根据弯道半径及车辆入弯速度实时调整降挡点。

（3）在利用预知的地理信息进行挡位动态调整方面，对坡道行驶提出进、出坡挡位协调策略。入坡前，对驾驶员的加大油门操作实行升挡延迟；在爬坡阶段即将结束时，利用地理信息预知功能，适当延迟换挡，以避免降挡后坡道行驶阻力减小而短时间内升回原挡位现象，也可将升挡延迟至坡道后的平坦路面从而减少坡道换挡的动力损失。

6.2 创新点

本书创新点主要如下：

（1）提出一种基于地理信息预知的换挡决策理论，兼顾重卡动力性与经济性。引入预知地理信息，将换挡策略求解按道路动力需求转化为预见区间内车辆运行时间和油耗量的最优化问题，解得换挡策略满足道路动力需求又尽可能省油。

（2）提出一种新的基于地理信息预知的弯道动态换挡策略，提高重卡过弯的安全性和舒适性。根据车辆安全和人体可容忍指标提出降挡提前系数调整弯道降挡点，杜绝入弯前意外换挡并根据车速和弯道半径使车辆在入弯前提前降挡。

（3）提出一种新的基于地理信息预知的坡道动态换挡策略，适应重卡车辆以较高车速入坡和坡道行驶中尽可能少换挡的需要，以抑制升挡或延迟升降挡的方法，减少 AMT 车辆坡道换挡动能损失。

6.3 展望

本书针对重型卡车提出的基于地理信息预知的换挡策略，是车辆智能技术发展趋势下换挡策略的新发展，理论上从换挡策略角度保证卡车动力性与燃油经济性的最优平衡，并且在特殊行驶环境中的换挡更为拟人化，但受地理信息预知技术和该信息与车辆换挡控制系统软硬件连接的发展进度约束，本书的研究有待深入，作者认为该课题还可以从以下几个方面进行进一步研究：

（1）基于地理信息预知的换挡策略出发点是换挡控制系统能够获取车辆行驶前方地理信息。这种预知信息主要由 GPS/GIS 系统提供，或者由车辆配置的视觉系统提供，其中前者的三维地图的绘制以及 GPS/GIS 系统与车辆换挡系统的通信，以及后者从图像处理角度出发对地形、坡度等参数的识别是后期的发展目标。此类技术游离于车辆自身技术之外但与车辆又联系紧密，是车辆技术发展对智能技术发展的一种需求，需要相关领域的技术支持。

（2）本书针对三种坡度研究使用动态规划方法寻求最优综合换挡规律，为将动力性、经济性两个优化指标统一于代价函数中，以赋予权重方式解决。但针对其他不同的坡度值还需进行大量仿真实验寻找对应最佳权重值并总结规律。

（3）地理信息预知在换挡策略中的更多应用。本书使用了上坡坡度、弯道、下坡信息制定了预见性换挡策略，能够提高车辆的换挡策略表现，换挡策略还可利用地理信息预知系统的更多数据，如交通设备、交通流量信息等，更多针对性换挡策略的制定有待深入和扩充。

（4）地理信息预知系统在车辆上的集成。本书目前只进行了地理信息预知换挡策略的设计和部分模拟实验。该换挡策略的实车实施首先是需要地理信息库的构建,其次是变速器控制系统与地理信息系统硬件集成,然后在软件中实施连接,最后需大量路上实验和工况标定才可进入实用阶段。

参考文献

中文专著

[1] 刘衡章. 实用当代汽车自动传动技术 [M]. 北京：人民邮电出版社，2001.

[2] 葛安林. 车辆自动变速理论与设计 [M]. 北京：机械工业出版社，1993.

[3] 易建军. 现代汽车自动变速器 [M]. 成都：四川科学技术出版社，1998.

[4] 彼得罗夫. 汽车传动系自动操纵的理论基础 [M]. 北京：人民交通出版社，1963.

[5] 周云山，于秀敏. 汽车电控系统理论与设计 [M]. 北京：北京理工大学出版社，1999.

[6] 葛安林. 车辆自动变速器理论与设计 [M]. 北京：机械工业出版社，1993.

[7] KIENCKE U，NIELSEN，L，金恩科，等. 汽车控制系统：发动机、传动系和整车控制 [M]. 北京：高等教育出版社，2010.

[8] D. P. 柏赛克斯. 动态规划确定性和随机模型 [M]. 西安：

西安交通大学出版社，1990.

[9] 王子才，赵长安. 应用最优控制［M］. 哈尔滨：哈尔滨工业大学出版社，1989.

[10] 余志生. 汽车理论［M］第5版. 北京：机械工业出版社，2009.

[11] 周龙保，刘巽俊，高宗英. 内燃机学［M］. 北京：机械工业出版社，2007.

外文专著

［1］WONG J Y. Theory of ground vehicles［M］. NewYork：John Wiley&Sons，2001.

［2］NELLES. A Learning Driving Strategy for Automated Transmissions［M］Detroit Michigan：SAE，2003.

［3］SALAANI M K，HEYDINGER G J. Powertrain and Brake Modeling of the 1994 Ford Taurus for the National Advanced Driving Simulator［M］Detroit：SAE，1998.

［4］GILLESPIE，T D. Fundamentals of vehicle dynamics［M］. Detroit：Society of Automotive Engineers，1992.

［5］TIEHU F，GUIHE Q，DEYIN Z. Pre-reading Mechanism for Road Parameters Acquirements in In-vehicle Embedded System［M］Cheng Du：IEEE International Symposium on Intelligent Ubiquitous Computing and Education，2009.

［6］IVARSSON M，SAHLHOLM P，BLACKENFELT M，et al. Vehicle control using preview information［M］. Stockholm：ReglErmote，

2006.

[7] KAWAI M, ARUGA H, IWATSUKI K, et al. Development of a Shift Control System for Automatic Transmissions Using Information from a Vehicle Navigation System [M]. Detroit: SAE, 1999.

中文期刊

[1] 陈虹, 宫洵, 胡云峰, 等. 汽车控制的研究现状与展望 [J]. 自动化学报, 2013, 39 (04): 322-341.

[2] 杨再舜. 重型卡车市场与产品研析 [J]. 汽车与配件, 2014 (04): 25-27.

[3] 夏建满, 栾晓东. 自动变速器的应用现状与发展趋势 [J]. 沈阳大学学报, 2004, 17 (07): 78-80.

[4] 郭彦男. 中国重汽 AMT 变速箱以品质铸品牌, 以信誉赢市场 [J]. 重型汽车, 2013 (05): 8-9.

[5] 王培. AMT 争艳上海国际车展难点是价格, 重点是用户 [J]. 商用汽车新闻, 2009 (15): 6.

[6] 滕冀. 中国客车的 AMT 时代来了——记采埃孚 AMT 中国活动日 [J]. 人民公交, 2010 (04): 76-77.

[7] 杨宝君. 法士特首款新型机械自动变速器成功推向市场 [J]. 商用汽车新闻, 2013 (30): 15.

[8] 王茸. 法士特携 11 款新品登临北京车展 [J]. 商用汽车新闻, 2014 (16): 19.

[9] WILLMS O. 来自瑞典的攻势——沃尔沃最新卡车技术介绍 [J]. 商用汽车, 2016 (02): 74-79.

[10] 司康. 美国重型卡车近年主要应用的新技术 [J]. 重型汽车, 2006 (06): 11-13.

[11] 吕明娟. 重型车领域10款经典车型性能简介 [J]. 汽车与配件, 2012 (09): 48-50.

[12] 葛安林, 李焕松. 动态三参数最佳换挡规律的研究 [J]. 汽车工程, 1992 (04): 239.

[13] 张小龙, 陈彬, 宋健. 基于支持向量机的道路坡度实时预测方法试验 [J]. 农业机械学报, 2014, 45 (11): 14-19.

[14] 王玉海, 董瑞先, 王松. 基于SAE J1939协议的重型车辆坡道识别实时算法 [J]. 汽车工程, 2010, 32 (07): 640-643.

[15] 金辉, 李磊. 基于加速度区间判断的坡道识别方法 [J]. 中国公路学报, 2010, 23 (01): 122-126.

[16] 何忠波, 白鸿柏, 张培林, 等. AMT车辆坡道换挡策略与试验研究 [J]. 机械工程学报, 2007, 38 (02): 13-16

[17] 史俊武, 鲁统利, 李小伟, 等. 自动变速车辆坡道行驶自适应换挡策略 [J]. 农业机械学报, 2011, 42 (04): 1-7.

[18] 雷雨龙, 付尧, 刘科. 基于扩展卡尔曼滤波的车辆质量与道路坡度估计 [J]. 农业机械学报, 2014, 45 (11): 9-14.

[19] 杨志刚, 曹长修, 苏玉刚. 动态识别道路坡度的多传感器信息融合方法 [J]. 重庆交通大学学报（自然科学版）, 2002, 21 (02): 97-102.

[20] 杨志刚, 曹长修, 苏玉刚. 道路坡度识别方法的技术实现 [J]. 重庆交通学院学报, 2002, 21 (03): 112-115.

[21] 钱立军. 自动变速器控制的道路坡度计算方法研究 [J]. 拖

拉机与农用运输车，2004（06）：5-7.

[22] 丛晓妍，王增才，程军. AMT车辆弯道行驶换挡策略[J]. 浙江大学学报（工学版），2016，50（08）：1570-1577.

[23] 王玉海，宋健，李兴坤. 驾驶员意图与行驶环境的统一识别及实时算法[J]. 机械工程学报，2006，42（04）：206-212.

[24] 花彩霞. 基于汽车导航系统的机械式自动变速器换挡控制规律研究[J]. 农业装备与车辆工程，2008（01）：16-19.

[25] 张润生，黄小云，刘晶，等. 基于视觉复杂环境下车辆行驶轨迹预测方法[J]. 机械工程学报，2011，47（02）：16-24.

[26] 张勇，宋健，许纯新. 车辆质量参数对最佳换挡点的影响[J]. 农业机械学报，2002，33（02）：8-10.

[27] 张泰，郭立书，葛安林. 汽车质量对换挡规律的影响及试验研究[J]. 汽车科技，2004（04）.

[28] 孙以泽，王其明. 车辆AMT中道路条件及驾驶员意图的模糊识别[J]. 汽车工程，2001，23（06）：419-422.

[29] 王庆年，唐先智，王鹏宇. 基于神经网络的混合动力汽车驾驶意图识别方法[J]. 农业机械学报，2012，43（08）：32-36.

[30] 李磊，章国胜，宋健，等. 基于等效坡度的自动手动变速器换挡规律研究[J]. 公路交通科技，2011，28（02）：144-148.

[31] 申水文，葛安林. 模糊换挡技术与综合换挡规律[J]. 农业工程学报，1997（03）：145-149

[32] 刘振军，胡建军，李光辉，等. 模糊神经网络的自动变速汽车换挡规律分析[J]. 重庆大学学报，2009，32（08）：897-904.

[33] 张泰，葛安林，郭立书. 基于车辆负荷度的换挡规律研究

[J]. 农业机械学报, 2004, 35 (03): 9-12.

[34] 方云. 劳斯莱斯魅影极致魅惑绝世经典 [J]. 汽车与配件, 2015 (09): 75.

[35] 李根. 高德地图与华为联合研发推出立体导航 [J]. 商周刊, 2015 (26): 9.

[36] 雷雨龙, 李永军, 葛安林. 机械式自动变速器换挡综合智能控制 [J]. 汽车工程, 2001, 23 (05): 311-314.

[37] 王学峰, 许纯新, 赵克利, 等. 工程机械模糊神经网络挡位控制试验研究 [J]. 农业机械学报, 2002, 33 (01): 1-5.

[38] 陈清洪, 秦大同. 自动变速汽车神经网络三参数换挡策略 [J]. 控制理论与应用, 2010, 27 (11): 1580-1584.

[39] 陈泳丹, 席军强, 陈慧岩, 等. 混合动力公交客车自动机械变速器最优换挡决策 [J]. 重庆大学学报, 2013, 36 (10): 27-34

[40] 孙奥, 朱桂斌, 江铁. 车载导航系统的研究现状及未来发展 [J]. 微型机与应用, 2012, 31 (02): 1-4

[41] 吴健生, 黄力, 刘瑜, 等. 基于手机基站数据的城市交通流量模拟 [J]. 地理学报, 2012, 67 (12): 1657-1665.

[42] 王长浩, 杨云, 陈东颖. GPS车载导航电子地图的创建与实现 [J]. 微型电脑应用, 2010, 26 (11): 24-25.

[43] 何仁, 马承广, 张涌, 等. 基于驾驶意图的无级变速器目标速比确定方法 [J]. 农业机械学报, 2009, 40 (05): 16-19.

[44] 王庆年, 唐先智, 王鹏宇, 等. 基于驾驶意图识别的混合动力汽车控制策略 [J]. 吉林大学学报 (工), 2012, 42 (04): 789-795.

[45] 朱东辉. 智能交通系统发展展望 [J]. 交通运输研究, 2001

(04)：24-26.

[46] 裴玉龙，邢恩辉. 高等级公路纵坡的坡度、坡长限制分析[J]. 哈尔滨工业大学学报，2005，37（05）：629-632.

[47] 何忠波，白鸿柏，杨建春. AMT车辆频繁换挡的消除策略[J]. 农业机械学报，2006，37（07）：9-14.

[48] 海贵春，谷正气，骆军，等. 关于通过悬架改进设计优化汽车转向特性的研究[J]. 汽车工程，2009，31（01）：48-52.

[49] 邵毅明，毛嘉川，刘胜川，等. 山区公路上驾驶人的车速控制行为分析[J]. 交通运输工程学报，2011，11（01）：79-88.

[50] 曹亚斌，梁海顺. 电控自动变速器换挡规律[J]. 交通运输工程学报，2009，9（03）：56-59.

[51] 史俊武，鲁统利，李小伟，等. 自动变速车辆坡道行驶自适应换挡策略[J]. 农业机械学报，2011，42（04）：1-7.

[52] 许金良，雷斌，李诺. 高速公路上坡路段载重车辆运行速度特性[J]. 交通运输工程学报，2013，13（06）：14-20.

[53] 吴光强，孙贤安. 汽车自动变速器发展综述[J]. 同济大学学报（自然科学版），2010，38（10）：1478-1483.

[54] 张俊智，王丽芳，葛安林. 自动换挡规律的研究[J]. 机械工程学报，1999，35（04）：38-41.

[55] 刘振军，秦大同，胡建军. 重型车辆自动变速技术及发展趋势[J]. 重庆大学学报（自然科学版），2003，26（10）：10-14.

[56] 周学建，付主木，张文春，等. 车辆自动变速器换挡规律的研究现状与展望[J]. 农业机械学报，2005（03）：139-145.

[57] 熊和金. 智能汽车系统研究的若干问题[J]. 交通运输工程

学报,2001,1(02):37-40.

外文期刊

[1] SUN J, WU Z, PAN G. Context-aware smart car: from model to prototype [J]. Journal of Zhejiang University SCIENCE A, 2009, 10 (07): 1049-1059.

[2] CORONA D, De SCHUTTER B. Adaptive cruise control for a SMART car: A comparison benchmark for MPC-PWA control methods [J]. IEEE Transactions on Control Systems Technology, 2008, 16 (02): 365-372.

[3] CORONA D, De SCHUTTER B. Adaptive cruise control for a SMART car: A comparison benchmark for MPC-PWA control methods [J]. IEEE Transactions on Control Systems Technology, 2008, 16 (02): 365-372.

[4] SUN J, WU Z, PAN G. Context-aware smart car: from model to prototype [J]. Journal of Zhejiang University SCIENCE A, 2009, 10 (07): 1049-1059.

[5] GUSIKHIN O Y, FILEV D, RYCHTYCKYJ N. Intelligent vehicle systems: Applications and new trends [J]. Lecture Notes in Electrical Engineering, 2008 (15): 3-14.

[6] ZHAO X X, ZHANG W M, FENG Y, et al. Optimizing Gear Shifting Strategy for Off-Road Vehicle with Dynamic Programming [J]. Mathematical Problems in Engineering, 2014 (10): 1-9.

[7] LIAO C, ZHANG J, LU Q. Coordinated powertrain control

method for shifting process of automated mechanical transmission in the hybrid electric vehicle [J]. Chinese Journal of Mechanical Engineering, 2005, 41 (12): 37-41.

[8] VAHIDI A, STEFANOPOULOU A, PENG H. Recursive least squares with forgetting for online estimation of vehicle mass and road grade: theory and experiments [J]. Vehicle System Dynamics, 2005, 43 (01): 31-55.

[9] MANGAN S, WANG J. Development of a novel sensorless longitudinal road gradient estimation method based on vehicle can bus data [J]. IEEE ASME Transactions on Mechatronics, 2007, 12 (03): 375-386.

[10] LINGMAN P, SCHMIDTBAUER B. Road slope and vehicle mass estimation using Kalman filtering [J]. Vehicle System Dynamics, 2002, 37 (S1): 12-23.

[11] ZHANG K S, FREY C. Road Grade Estimation for On-Road Vehicle Emissions Modeling Using Lidar Data [J]. Air Waste Manag Assoc, 2006, 56 (06): 777-788.

[12] HE L, ZONG C, WANG C. Driving intention recognition and behaviour prediction based on a double-layer hidden Markov model [J]. Journal of Zhejiang University SCIENCE C, 2012, 13 (03): 208-217.

[13] LU H S, WU S J, WANG J M. Multi-parameter fuzzy shift schedule of tracked vehicle [J]. Construction Machinery, 2006 (09): 21-25.

[14] YAMAGUCHI H, NARITA Y, TAKAHASHI H, et al. Automatic Transmission Shift Schedule Control Using Fuzzy Logic [J]

Journal of Passenger Cars, 1993, 10 (06): 13.

[15] YAMAGUCHI H, NARITA Y, TAKAHASHI H, et al. Automatic transmission shift schedule control using fuzzy logic [J] Journal of Passenger Cars, 1993, 10 (06): 13.

[16] MASHADI B, KAZEMKHANI A, LAKEH R B. An automatic gear-shifting strategy for manual transmissions [J]. Proceedings of the Institution of Mechanical Engineers Part I Journal of Systems & Control Engineering, 2007, 221 (05): 757-768.

[17] LEE C C. Fuzzy logic in control systems: fuzzy logic controller [J]. IEEE Transactions on Systems Man & Cybernetics, 1990, 20 (02): 404-418.

[18] XIANG C, LIN Y Z. Analysis of AG4 automatic transmission of the shifting process by lever method [J]. Mechanical Research & Application, 2009 (06): 9.

[19] HOJO Y, IWATSUKI K, OBA H, et al. ToyoTA Five-Speed Automatic Transmission with Application of Modern Control Theory [J] Journal of Passenger Cars, 1992, 10 (06): 14.

[20] TANI, MAGOSHI, TANAKA, et al. Development of New Active Safety System (INVECS) Incorporating Fuzzy Control Concepts [J]. Mitsubishi Motors Technical Review, 1994 (02): 6.

[21] SAHLHOLM P, JOHANSSON K H. Road grade estimation for look-ahead vehicle control using multiple measurement runs [J]. Control Engineering Practice, 2010, 18 (11): 1328-1341.

[22] HAGIWARA K, TERAYAMA S, TAKEDA Y, et al. The De-

velopment and Utilization of Hardware-in-the-loop Simulation for the Development of an Automatic Transmission Control System [J]. Jsae Review, 2002, 23 (01): 55-59.

[23] ERIKSSON A, JACOBSON B. Modular modelling and simulation tool for evaluation of powertrain performance [J]. International journal of vehicle design, 1999, 21 (2-3): 175-189.

[24] HONG C W, CHEN C C. Dynamic performance simulation of a continuously variable transmission motorcycle for fuzzy autopilot design [J]. Proceedings of the Institution of Mechanical Engineers, 1997, 211 (06): 477-490.

[25] CHO D, HEDRICK J K. Automotive powertrain modeling for control [J]. Journal of Dynamic Systems, Measurement and Control, 1989, 111 (04): 568-576.

[26] KUZAK D M, SHIELDS B D, FREEDMAN R J, et al. Powertrain control strategy determination for computer - controlled transmissions [J]. International Journal of Vehicle Design, 1987, 8 (01): 13-36.

[27] KHAYYAM H, NAHAVANDI S, DAVIS S. Adaptive cruise control look-ahead system for energy management of vehicles [J]. Expert systems with applications, 2012, 39 (03): 3874-3885.

[28] HELLSTROM E, IVARSSON M, ASLUND J, et al. Look-ahead control for heavy trucks to minimize trip time and fuel consumption [J]. Control Engineering Practice, 2009, 17 (02): 245-254.

[29] HELLSTROM E, ASLUND J, NIELSEN L. Horizon length and fuel equivalents for fuel-optimal look-ahead control [J]. IFAC Proceedings

Volumes, 2010, 43 (07): 360-365.

[30] NAKATANI F, MORITA S, TAKIYAMA T. Adaptive Traction Control [J]. Transactions of the Japan Society of Mechanical Engineers C, 1994, 60 (580): 4190-4194.

[31] CHUN K, SUNWOO M. Wheel slip control with moving sliding surface for traction control system [J]. International Journal of Automotive Technology, 2004, 5 (02): 123-133.

[32] HUANG J, TAN H S. A low-order DGPS-based vehicle positioning system under urban environment [J]. IEEE ASME Transactions on Mechatronics, 2006, 11 (05): 567-575.

[33] GODHA S, CANNON M E. GPS/MEMS INS integrated system for navigation in urban areas [J]. Gps Solutions, 2007, 11 (03): 193-203.

[34] MARAIS J, BERBINEAU M, HEDDEBAUT M. Land mobile GNSS availability and multipath evaluation tool [J]. IEEE transactions on vehicular technology, 2005, 54 (05): 1697-1704.

[35] SKOG I, HANDEL P. In-car positioning and navigation technologies - A survey [J]. IEEE Transactions on Intelligent Transportation Systems, 2009, 10 (01): 4-21.

[36] SHARMA D, REGHUNATH S K, ATHREYA A. Dynamic Reserve Energy Storage for Hybrid Vehicle Fuel Economy Improvement [J]. International Journal of Project Management, 2015, 33 (02): 311-324.

[37] ASADI B, VAHIDI A. Predictive cruise control: Utilizing upcoming traffic signal information for improving fuel economy and reducing trip time [J]. IEEE transactions on control systems technology, 2011, 19

(03): 707-714.

[38] VAHIDI A, ESKANDARIAN A. Research advances in intelligent collision avoidance and adaptive cruise control [J]. IEEE Transactions on Intelligent Transportation Systems, 2003, 4 (03): 143-153.

[39] DESJARDINS C, CHAIB-DRAA B. Cooperative adaptive cruise control: A reinforcement learning approach [J]. IEEE Transactions on Intelligent Transportation Systems, 2011, 12 (04): 1248-1260.

[40] AGRAWALA M, STOLETE C. Rendering effective route maps: improving usability through generalization [J]. In ACM SIGGRAPH, 2001 (1): 241-250.

[41] LIN C C, PENG H, GRIZZLE J W, et al. Power management strategy for a parallel hybrid electric truck [J]. IEEE Transactions on Control Systems Technology, 2003, 11 (06): 839-849.

[42] PACEJKA H B. Simplified analysis of steady-state turning behaviour of motor vehicles [J]. Vehicle System Dynamies, 1973, 2 (04): 173-183.

[43] El GINDY M. An overview of performance measures for heavy commercial vehicles in North America [J]. International Journal of Vehicle Design, 1995, 16 (4-5): 441-463.

[44] YI J, WANG X L, HU Y J, et al. Modelling and simulation of a fuzzy controller of automatic transmission of a tracked vehicle in complicated driving conditions [J]. Proceedings of the Institution of Mechanical Engineers, 2007, 221 (10): 1259-1272.

学位论文

[1] 史俊武. 基于人—车—路系统的自动变速车辆智能换挡策略研究[D]. 上海：上海交通大学，2011.

[2] 刘洪波. 基于人—车—环境识别的自适应挡位决策方法研究[D]. 长春：吉林大学，2012.

[3] 边明远. 汽车防滑控制系统（ABS/ASR）道路识别技术及车身速度算法研究[D]. 北京：北京理工大学，2003.

[4] 赵璐. 商用车 AMT 控制策略及试验研究[D]. 长春：吉林大学，2012.

[5] 刘振军. 基于人—车—路环境下的汽车电控机械自动变速智能控制研究[D]. 重庆：重庆大学，2005.

[6] 范铁虎. 道路参数获取及其在 AMT 换挡策略中应用的研究[D]. 长春：吉林大学，2010.

[7] 赵鑫鑫. 工程车辆自动变速器建模与换挡控制[D]. 北京：北京科技大学，2015.

[8] CHO D I. Nonlinear control methods for automotive powertrain systems[D] Cambridge：Massachusetts Institute of Technology，1987.

[9] MOSKWA J J. Automotive engine modeling for real time control[D]. Cambridge：Massachusetts Institute of Technology，1988.

[10] ZHAO X，ZHANG W，FENG Y，et al. Optimizing gear shifting strategy for off‐road vehicle with dynamic programming[D] Bei Jing：School of Mechanical Engineering，University of Science and Technology Beijing，2014.

[11] JOHANSSON K. Road Slope Estimation with Standard Truck Sen-

sors [D]. Sweden: KTH, 2005.

[12] HELLSTROM E. Look-ahead Control of Heavy Vehicles [D]. Linkoping: Linköping University, 2010.

会议录

[1] MASSEL T, DING E L, ARNDT M. Investigation of different techniques for determining the road uphill gradient and the pitch angle of vehicles [C] //American Control ConferenceProceedings of the 2004 American Control ConferenceBoston: IEEE, 2004: 2763-2768.

[2] PARVIAINEN J HAVTAMKI J, COLLIN J, et al. Barometer-Aided Road Grade Estimation [C] //IAIN. 13th IAIN World CongressStockholm: IAIN, 2009: 6.

[3] YI J, WANG X, HU Y, et al. Fuzzy Control and Simulation on Automatic Transmission of Tracked Vehicle in Complicated Driving Conditions [C] //IEEEInternational Conference on Vehicular Electronics and SafetyColombia: IEEE, 2006: 259-264.

[4] FATHY H K, KANG D, STEIN J L. Online vehicle mass estimation using recursive least squares and supervisory data extraction [C] //American Control ConferenceProceedings of the 2008 American Control ConferenceBoston: IEEE, 2008: 1842-1848.

[5] SAKAGUCHI S, SAKAI I, HAGA T. Application of fuzzy logic to shift scheduling method for automatic transmission [C] //SeCond International Conference on Fuzzy SystemsProceedings of the International Conference on Fuzzy SystemsSan Francisco: IEEE, 1993: 52-58.

[6] QIN G H, GE A L, ZHANG H K. Considering driver's intentions and road situations in AMT gear position decision [C] //International Conference on Systems. Proceedings of the IEEE International Conference on Systems Man and CyberneticsTucson: IEEE, 2001: 1361-1365.

[7] WU S, ZhU E, LI Q, et al. Study on Intelligent Shift Control Strategy of Automobile Based on Genetic-Fuzzy Algorithm [C] // International Conference on Innovative Computing Information and Control. IEEE Computer SocietyDalian: IEEE, 2008: 402.

[8] SAKAGUCHI S, SAKAI I, HAGA T. Shift Scheduling Method of Automatic Transmission Vehicles with Application of Fuzzy Logic [C] //Second International Conterence on Fuzzy SystemsProceedings of the International Conterence on Fuzzy SystemsSan Francis o: IEEE, 1993: 52-58.

[9] SAKAGUCHI S, SAKAI I, HAGA T. Application of fuzzy logic to shift scheduling method for automatic transmission [C] //Second International Conterence on Fuzzy SystemsProceedings of the International Conterence on Fuzzy SystemsSan Francis o: IEEE, 1993: 52-58.

[10] BASTIAN A, TANO S, OYAMA T, et al. System overview and special features of FATE: fuzzy logic automatic transmission expert system [C] //The 1995 International Conference on Fuzzy Systems. Proceedings of the 1995 IEEE International Conference on Fuzzy systemsYokohama: IEEE, 1995: 1063-1070.

[11] BAE H S, RYU J, GERDES J C. Road grade and vehicle parameter estimation for longitudinal control using GPS [C] //ITSProceedings of the IEEE Conference on Intelligent Transportation Systems. Oakland:

IEEE 2001: 25-29.

[12] NGO V, HOFMAN T, STEINBUCH M, et al. Predictive gear shift control for a parallel hybrid electric vehicle [C] //VPPC. IEEE Vehicle Power and Propulsion Conference (VPPC), 2011: 1-6.

[13] ALAM A, MARTENSSON J, JOHANSSON K H. Look-ahead cruise control for heavy duty vehicle platooning [C] //ITSC. 16th International IEEE Conference on Intelligent Transportation SystemsHague: IEEE, 2013: 928-935.

[14] TAKAHASHI H, KURODA K. A study on automated shifting and shift timing using a driver's mental model [C] //Intelligent Vehicles Symposium. Proceedings of the 1996 IEEE Intelligent Vehicles Symposium-Tokyo: IEEE, 1996: 300-305.

[15] ALAM A, MARTENSSON J, Johansson K H. Look-ahead cruise control for heavy duty vehicle platooning [C] //ITSC. International IEEE Conference on Intelligent Transportation SystemsNew York: IEEE, 2013: 928-935.

[16] LIU J, PENG H, FILIPI Z. Modeling and Control Analysis of Toyota Hybrid System [C] //ASME. International Conference on Advanced Intelligent MechatronicsMonterey: IEEE, 2005: 24-28.

报告

[1] LATTEMANN F, NEISS K, TERWEN S, et al. The predictive cruise control-a system to reduce fuel consumption of heavy duty trucks [R] Detroit: SAE Technical paper, 2004.

[2] LIU H, LEI Y, ZHANG J, et al. Shift Quality Optimization Based on Assessment System for Dual Clutch Transmission [R] Detroit: SAE Technical Paper, 2012.

[3] OLIVER N. A learning driving strategy for automated transmissions [R] Detroit: SAE Technical Paper, 2003.

专利

[1] R. 奥森. 用于测量交通流量的系统和方法: CN1373616 [P]. 2002-10-09

[2] GRIESER J. Method For Determining an Estimate of The Mass of A Motor Vehicle: US2005/0065695A1 [PlOL]. DE, 2004-09-23.

[3] RACE R E, PISKURA J C, SANFORD D S. Towed antenna system and method: US. Patent 8, 813, 669 [P]. 2014-08-26.

报纸

[1] 徐婧. 一汽解放重型自动变速器载货车交付用户 [N]. 吉林日报, 2008-12-09 (01).

标准

[1] ISO 4138. Road vehicles-steady state circular test Procedure [S]. Geneva: International Organization for Standardization, 1982.

电子资源

[1] 姚蔚. 识别道路实现智能换挡 GPS 成 IAA 主旋律 [EB/OL].

方得网，2014-10-09.

[2] REVOLUTION P. Three New V-8 Models Launch the BMW 5-Series for 1994 [EB/OL]. BMW GROUP, 2020-05-27.